AQUÍ ESTÁ MI QUESO

Los 26 quesos más importantes de España

JUAN JOSÉ VALERO DURÁN

DEDICATORIA

A mi mujer Yolanda, que es lo que más quiero del mundo, a mis hijos Maria y Patxi que son mi tesoro más preciado, a la empresa MILLÁN VICENTE y a todos sus componentes que decidieron apostar por mí, a mi hermano Salvador la persona que más sabe de quesos de España, después de mí, es broma y a todas las personas que me he cruzado en mi carrera profesional y de las que siempre he procurado aprender algo. Pero sobre todo a todos los maestros queseros artesanos, porque lo que hacen es verdadero ARTE.

ÍNDICE

Página

INTRODUCCIÓN

Después de 30 años dedicándome a la venta de quesos, he decidido presentar esta obra. Más que un escrito de toda la sabiduría adquirida durante esos 30 años, es un proceso de investigación para acercar este producto a todo el mundo.

A lo largo de estos 30 años mi relación con el queso ha sido un eterno viaje, desde los primeros viajes los fines de semana a visitar ferias en los pueblos más remotos, hasta hoy que el queso sigue acompañándome en cada momento, aumentando conocimientos. El mundo del queso es mucho más que otro producto de alimentación o la cesta de la compra, el queso va unido al hombre desde la prehistoria, es cultura, es historia, el queso es la identidad de cada pueblo, de cada civilización y cada cultura, el queso va unido al hombre y es un signo de identidad.

No puedo continuar este libro sin hacer referencia a mi hermano Salvador Valero Durán, una persona que entró en este mundo con pasión, es la prueba fehaciente de que el alumno siempre supera al maestro. Hoy día lleva la tienda de quesos más importante de España, quizá no sea en tamaño, ni en surtido, pero si lo es en importancia y calidad de los quesos que ofrece, una tienda que ningún amante del queso puede dejar de visitar. Se llama Bon Fromage y está en el mercado de Chamartín en la calle Bolivia número 9 de Madrid. Todo al que le guste el queso debería ir y visitarla, encontrará quesos que le embaucaran y que en ningún otro sitio va a encontrar. Añadido a todo esto, también hay que mencionar que es el primer campeón nacional en tablas de queso.

En esta obra quiero acercar los quesos españoles al lector, para ello tenía que elegir como hacerlo, ya que España tiene una gran tradición quesera. En la actualidad se contabilizan del orden de 200 quesos, yo no tengo la suerte de conocerlos todos, pero seguro que los llegaré a conocer. Recordando antes de hacer este libro, conozco unos 100, pero en profundidad unos 80. Claro, hacer un libro con 80 quesos me parecía demasiado, por lo que tenía que tomar una decisión, por esta razón me he centrado en los 26 quesos que tienen Denominación de Origen Protegida (DOP), que creo que son suficientes para iniciarse en este maravilloso mundo, donde cuento capítulos de la historia de cada queso, junto a una descripción y el análisis sensorial de cada uno de ellos, con la finalidad de que el lector pueda buscar cada queso y leerlo a la vez. No hay nada mejor que degustar un queso y a la vez conocer sus raíces junto su historia, es apasionante, la mejor cena informal con amigos es un buen surtido de quesos, con un buen vino y ponerse a conversar, primero sobre los quesos y luego terminar como quiera cada uno, es maravilloso.

Como he mencionado anteriormente, solo he podido incluir 26 variedades, pero es que yo no soy escritor, ni me dedico a escribir, pero si al mundo del queso y tenía que cumplir con mi inquietud de acercarlo a todo el mundo, por esta razón quiero pedir disculpas a tantos otros quesos maravillosos que tenemos en España, que no gozan de DOP, pero que eso no los hace menos importantes ni no merecedores de estar en esta obra, pero por algún sitio tenía que empezar. Prometo que mi próximo libro será de los mejores quesos españoles sin DOP, el problema es que hay tantos que merecen ese galardón, que alguno se quedará fuera, pero eso será en otro libro y en otro momento.

Solo deseo que todo el que lea este libro lo disfrute y empiece a tomar conciencia del fabuloso mundo del queso, se inicie a degustar quesos y sacar el valor, tradición, cultura e historia que hay en cada uno de ellos y poco a poco vaya descubriendo más y que cada vez que visite un pueblo o una región nueva busque el queso típico y lo compre, porque se está llevando un pedacito de esa tierra que ha visitado, un trozo de su cultura y su historia, es el mejor recuerdo que uno se puede llevar.

También, aunque esta parte es más ambiciosa, que en las cenas informales, se cambien las pizzas y las hamburguesas, por una buena tabla o surtido de quesos, os garantizo que lo vais a gozar de una manera especial. Es toda una experiencia gastronómica que le gusta a todo el mundo, siempre hay un queso para cada persona.

Hay que tener en cuenta muchos factores que hacen del queso un producto diferente, España cuenta con una amplia variedad de quesos y tiene una larga tradición quesera, influenciada por el paso de las diferentes civilizaciones, por las costumbres, por su diversidad climática y orográfica.

Históricamente la elaboración de queso se remonta a los pueblos nómadas que se dedicaban a la agricultura y a la ganadería, encontrándose los primeros hallazgos en la zona de los Pirineos y en la sierra cordobesa de Zuheros.

Es en este lugar donde aparecen utensilios de esparto, vasijas de cerámica perforadas y cucharas de la época del neolítico prehistórico.

Los tartesos, fenicios y cartaginenses elaboraban ya quesos, pero fueron los celtas quienes aportaron mejoras técnicas en su elaboración y conservación.

De la época romana encontramos escritos del hispano Columela, en su obra "De rustica", en la que se refiere al "caserum", y da instrucciones para la conservación de quesos ahumados que los cántabros enviaban a Roma.

Por su lado, los árabes dieron más importancia a la ganadería caprina, quedando patente todavía esta cultura en Andalucía y Extremadura.

Ya en la Edad Media y con el Camino de Santiago, se dieron a conocer los quesos vascos, navarros, aragoneses, castellanos, cántabros, asturianos y gallegos, que sirvieron de alimento a los peregrinos.

En el año 1273 el rey Alfonso X fundó el honrado Concejo de la Mesta, el sindicato de los ganaderos ovinos. La mesta, que gozó de la protección de los reyes, fue una importante fuente de ingresos entre los siglos XVI al XIX al exportarse la lana al extranjero.

La tradición en la elaboración de quesos se extendió desde la península a las islas, un ejemplo de ello es el queso mallorquín que aparece en los primeros asentamientos de fenicios y cartaginenses.

Resaltar que desde el puerto de Mahón, en el siglo XVII, ya se exportaba queso a Inglaterra. Lo mismo sucede en las Islas Canarias, al mencionarse en las actas del Cabildo de 1605 al queso Majorero.

Creo que son motivos suficientes, para lanzarse a conocer el mundo del queso. Forma parte de nuestra historia, nuestra cultura y nuestra gastronomía, es la bandera de cada pueblo, donde se plasman de manera más que perfecta sus costumbres y tradiciones.

Empezar por buscar cada queso de este libro y organizar cenas informales con amigos, siempre hay un queso que te recuerda un lugar, un viaje o un momento de la vida. Esto se debe a una sola cosa, fabricar un queso y afinarlo, es otra forma más de ARTE.

Cuando acabéis con los del libro seguid buscando, hay tantos quesos y tan maravillosos en España y fuera de ella, no digamos en Francia y en Italia ni te cuento, hay quesos que le vuelven a uno loco, que pena que aquí solo nos lleguen los más comerciales, bueno, en Bon Fromage, encontrareis alguno de ellos.

Pero no dejéis de profundizar, probad y adquirir conocimiento, es otra manera de cultivar el cuerpo y el espíritu.

Espero que os guste el libro y al leerlo no se os haga la boca agua.

HISTORIA DEL QUESO

Juan José Valero Durán

.

Los orígenes del queso no están muy claros, por lo que su elaboración seguramente fue descubierta por diversas culturas al mismo tiempo.

Pero sabemos que la humanidad en sus orígenes, dejo de ser nómada para ser sedentaria, cuando empezó a controlar el entorno y domestico los animales a la vez que desarrollo la agricultura.

En la biblia queda reflejado con el relato de Caín y Abel, se puede decir que el queso, nos ha acompañado desde los orígenes de la civilización.

Que se tenga constancia las ovejas fueron domesticadas hace 12.000 años y en el antiguo Egipto se cuidaban vacas y se ordeñaban para obtener la leche, por lo que es lógico pensar que también harían quesos.

La leche se conservaba en recipientes de piel, cerámica porosa o madera, pero como era difícil mantenerlos limpios, la leche fermentaba con rapidez. El siguiente paso fue el de extraer el suero de la cuajada para elaborar algún tipo de queso fresco, sin cuajo, de sabor fuerte y ácido.

Es de suponer que la mejor manera de conservar la leche era convirtiéndola en queso, ellos probarían la leche sólida y al vez que les gustaba y no enfermaban, dieron con la fórmula de hacer la leche eterna, al fin al cabo la mejor manera de definir un queso es como; LA ETERNIDAD DE LA LECHE.

Cuenta la leyenda que un pastor árabe volvía a su morada con la leche de las ovejas dentro de una bolsa hecha con la tripa de uno de sus corderos y que después de caminar a pleno sol, al abrir la bolsa la leche estaba cuajada, sólida, hecha queso, pero no es más que una leyenda, que no se aleja mucho de la realidad.

Los romanos lo incluían en su dieta condimentándolo con tomillo, pimienta, piñones y otros frutos secos, cuando sus soldados se asentaban en un campamento, elaboraban queso, para estar bien alimentados y afrontar las batallas.

Toda la antigüedad estaba plagada de alusiones al queso fresco, cuajado. En la antigua Grecia no se comía sólo, sino mezclado con harina, miel, aceite, pasas y almendras y se encuentra en recetas antiguas de platos y postres muy preciados.

El nombre del producto proviene de la palabra griega fornos así se llamaba al cesto para los quesos y de ella derivan el fromage francés, fortmatge catalán y el formaggio italiano, y la palabra latina caseus de donde proviene el queso español, el cheese anglosajón y la caseina principal albumninoide de la leche y del queso. En la Edad Media, las órdenes religiosas se convirtieron en importantes zonas de actividad agrícola y el queso adquirió una importancia durante los muchos días de ayuno en los que se prohibía comer carne, por lo que se crearon diferentes tipos de queso, así aportaban variedad a su limitada dieta.

Con el auge del comercio y las rutas comerciales, el queso se convirtió en un producto importante para la economía, Al ser un alimento que podía aguantar los viajes y no ser tan perecedero como otros alimentos, el queso se convirtió en uno de los primeros productos que se exportaron al igual que la seda y las especias.

Al igual que un signo de identidad, cada cultura o pueblo tenía su queso, incluso cuando se culturizaba o invadía un territorio, como se hacía con las costumbres, se trasmitían las tradiciones queseras. Hasta tal punto que cuando se colonizó el Nuevo Mundo, se llevaron sus tradiciones queseras.

Siempre se utilizaba leche cruda para fabricar el queso, desechando los que se estropeaban, con los riesgo que ello suponía para la salud, pero al igual que pasaba con el agua y otros productos, en sus orígenes la humanidad no estaba libre de enfermar, pero en la década de 1850 el microbiólogo Louis Pasteur descubrió la pasteurización, que cambió el proceso de la elaboración del queso, haciendo del queso un producto más seguro y libre de microrganismos.

También empezó a mezclarse leche de distinta procedencia y distintos rebaños para obtener un producto homogéneo. Disminuyó considerablemente el riesgo de aparición de microrganismos que pudieran estropear el proceso y a su vez hacer que las personas enfermaran.

Se puede decir que los quesos han acompañado al hombre desde siempre, llegando incluso a ser el emblema y la identidad de diferentes culturas y civilizaciones, al igual que un pueblo tiene su bandera y su idioma, también tiene su queso.

No podemos dejar de hacer referencia a uno de los pasajes del quijote.

"Sírvanse vuestras mercedes de ordeñar las ovejas manchegas a la antigua usanza y agréguesele flor de cardo manteniendo el condimento a una temperatura de 30 grados para obtener la cuajada.

Sáquese del lebrillo con un cuenco o bacía y deposítese en los moldes de pleita, apretando para que escurra. Vuélvase a echar en su cuna y hágase preso de nuevo con toda fuerza posible hasta dejarlos cargados con pesos durante seis horas, al cabo de las cuales se depositarán en el dornajo con salmuera, ahogándolos durante dos días. Cumplido este tiempo llévense al secadero, donde se mantendrán en asueto durante 60 días y el aseo que es menester para las cosas del estómago. Al cabo de los cuales se retirarán de los vasares para el buen yantar en la mesa de canónigos y príncipes".

EL QUESO

Juan José Valero Durán

El queso es un producto fresco o maduro, sólido o semisólido, obtenido por separación del suero de la leche, después de una coagulación de la leche por la acción del cuajo u otros coagulantes apropiados, con o sin hidrólisis previa de lactosa.

El queso es un alimento elaborado a partir de leche cuajada de vaca, cabra, oveja, búfala, camella u otros mamíferos.

La leche es inducida a cuajarse usando cuajo de origen vegetal o animal.

Las bacterias se encargan de acidificar la leche, jugando también un papel importante en la definición de la textura y el sabor de la mayoría de los quesos. Algunos también contienen mohos, tanto en la superficie exterior como en el interior.

Hay cientos de variedades de queso. Diferentes estilos y sabores de queso son el resultado del uso de diferentes especies de bacterias y mohos, diferentes niveles de nata en la leche, variaciones en el tiempo de curación, diferentes tratamientos en su proceso y diferentes razas de vacas, cabras o el mamífero cuya leche se use. Otros factores que incluyen es la dieta del ganado y la adición de agentes saborizantes tales como hierbas, especias o ahumado.

Que la leche esté o no pasteurizada también puede afectar al sabor.

Para algunos quesos se cuaja la leche añadiéndole ácidos tales como vinagre o jugo de limón. Sin embargo, la mayoría se acidifican en grado menor gracias a las bacterias que se le añaden, que transforman los azúcares de la leche en ácido láctico, a lo que sigue la adición de cuajo para completar el proceso de cuajado. El cuajo es una enzima tradicionalmente obtenida del estómago del ganado lactante, pero actualmente también se producen sustitutos microbiológicos en laboratorio. También se han extraído "cuajos vegetales" de varias especies de la familia de cardos *Cynara*.

En algunas sociedades, el queso se almacena para las épocas de escasez y se le considera un buen alimento para los viajes, siendo apreciado por su facilidad de transporte, buena conservación y alto contenido en grasa, proteínas, calcio y fósforo. El queso es más ligero, más compacto y se conserva durante más tiempo que la leche a partir de la que se obtiene. Los fabricantes de queso pueden establecerse cerca del centro de una región productora y beneficiarse así de leche más fresca, más barata y con menor coste de transporte. La buena conservación del queso permite a los fabricantes vender sólo cuando los precios están altos o necesitan dinero. Algunos mercados incluso pagan más por quesos viejos, justo al contrario de lo que ocurre con la producción de leche.

Los quesos se comen crudos o cocinados, solos o con otros ingredientes. Cuando se calientan, la mayoría se funden y se doran. Algunos quesos, como el raclette, se funden suavemente; se puede lograr que muchos otros hagan lo mismo en presencia de ácidos o almidón. La fondue, con vino proporcionando la acidez, es un buen ejemplo de plato de queso fundido suavemente. Otros quesos se vuelven elásticos o viscosos cuando se funden, una cualidad que puede disfrutarse en platos como la pizza y el welsh rabbit. Algunos quesos se funden de modo disparejo, separándose sus grasas a medida que se calientan, mientras que los pocos quesos cuajados con ácido, incluyendo el halloumi, paneer y ricotta, no se funden e incluso pueden endurecerse cuando se cocinan.

En este libro pretendo dar una breve pero espero que útil información acerca del queso, su historia y las veintiséis variedades que yo considero más importantes y conocidas. Todas gozan de D.O.P. que garantizan su calidad y origen, lo que nos puede ayudar a elegir mejor un queso y conocerlo un poco más a la vez que lo degustamos.

No hay nada más divertido que una buena tabla de quesos con amigos, degustando y comentando, ya si lo acompañamos de buenos vinos, puede ser la velada o la cena perfecta.

Al igual que en el capítulo anterior, me gustaría poner una cosa curiosa sobre del queso.

De donde viene la expresión:

"QUE NO TE LA DEN CON QUESO"

Esta expresión tiene su origen en una trampa que utilizaban los bodegueros antiguamente. Cuando el vino era malo se lo ofrecían a los catadores junto con una tapa de queso, pues resulta que el queso contiene unas proteínas que limitan el poder de degustar otros sabores.

De esta forma el catador quedaba satisfecho con el producto y el vendedor conseguía librarse de las peores botellas. Cuando el cliente llegaba a casa y volvía a probar el vino se daba cuenta del engaño.

AFUEGA'L PÍTU

Juan José Valero Durán

Este queso en especial me trae muchos recuerdos, quizá la feria de quesos que me ha dejado más huella por su belleza y el sitio donde se celebra, sea la de La Foz de Morcín, donde este queso tiene un protagonismo especial, una feria que ningún amante del queso debería perderse, ni los amantes de los viajes de vedad y mira que he ido a ferias de queso en pueblos de España.

El queso Afuega'l Pitu es un queso graso que puede ser fresco o madurado, elaborado con leche entera pasterizada de vaca, de pasta blanda obtenida por coagulación láctica, de color blanco o bien anaranjado rojizo si se le añade pimentón.

Es un queso artesano fabricado por explotaciones familiares, que permite a los ganaderos una atención casi individualizada, en la que cada día adquiere mayor interés el bienestar y cuidado de los animales.

La vegetación en esta zona es propia de una región atlántica dominada por el bosque caducifolio como consecuencia de las abundantes precipitaciones y suavidad en las temperaturas. Se caracteriza por disponer de grandes superficies de prados naturales, cuya composición botánica pone de manifiesto un signo dominante en todo el territorio, que es una gran biodiversidad.

Es un queso, que no deja indiferente a nadie, que al comerlo recibes de un golpe todas las sensaciones que transmite el lugar donde se elabora.

CARACTERÍSTICAS FÍSICAS

Forma.

Troncocónica.- Esta forma característica es adquirida por los quesos, dado que la forma de los moldes es la de un cono truncado.

Calabacín.- Debido a que el molde utilizado es una gasa que se ata en la parte superior por sus extremos y quedan dibujados en la superficie del queso los pliegues de la misma.

Altura.- Entre 5 y 12 cm. aproximadamente para ambas formas

Peso: de 200 a 600 gramos.
Diámetro: entre 8 y 14 cm., el diámetro se mide en la base.

Corteza natural, consistencia variable dependiendo del grado de maduración del queso y de la adición de pimentón.

Como consecuencia de las dos formas descritas, el amasado o no de la cuajada y el color -obtenido por la presencia o no de pimentón-, se conocen las siguientes menciones tradicionales:

Atroncau Blancu: forma troncocónica, sin amasar y color blanco.

Atroncau roxu: forma troncocónica, amasado y color rojo-anaranjado.

Trapu blancu: forma de calabacín, amasado y color blanco.

Trapu roxu: forma de calabacín, amasado y color rojo anaranjado.

CARACTERÍSTICAS FISIO-QUÍMICAS

Grasa: mínimo 45% sobre E.S.
Proteína: mínimo 35% sobre E.S.
Materia seca: mínimo 30%
pH: entre 4.1 y 5

CATA Y ANÁLISIS SENSORIAL

La consistencia de la pasta, dependiendo de su maduración es más o menos blanda. Si es fresco se puede untar, a medida que su maduración es más notoria deja de poder untarse, siendo una de sus características más notables la imposibilidad de realizar un corte limpio, ya que se desmenuza con gran facilidad.

Su color puede ser blanco con tendencia al amarillento, dependiendo de su grado de maduración, o bien rojo anaranjado si se le añade pimentón.

El sabor de los quesos es ligeramente ácido, poco o nada salado, cremoso y bastante seco, en los quesos rojos este sabor se acentúa en fuerte y picante.

Resulta pastoso y astringente a su paso por la garganta - "*pitu*" término coloquial asturiano con el que se conoce a la faringe-, dando fiel cumplimiento a su denominación.

Su aroma es suave, característico y aumenta con la maduración.

ARZÚA

Juan José Valero Durán

Este queso gallego es un queso muy especial, lo podemos encontrar en dos variedades; fresco o de granja y curado, un queso ideal para cualquier postre, se puede tomar con miel, membrillo, mermelada o cualquier salsa dulce como la de Pedro Ximenez. Con un buen Aceto Balsámico envejecido a mí me vuelve loco.

Todo aquel que lo prueba se hace consumidor habitual de él, incluyéndolo en su dieta.

Elaborado con leche cruda o pasteurizada de vaca gallega, puede ser Rubia Gallega, Pardo Alpina o Frisona.

El queso Arzúa tierno tiene que tener una maduración mínima de 6 días y el Arzúa curado mínimo tiene que contar con una maduración de 6 meses, de esta forma nos podemos hacer a la idea de la diferencia entre uno u otro.

El queso Arzúa mantiene durante mucho tiempo la humedad interior lo que hace que las proteínas del queso (la proteolisis) de lugar a una untuosidad muy alta, llegando en algunos casos a parecerse a las famosas tortas de cabra y oveja, pero no hay que confundir que por esta cremosidad estemos ante un queso graso, sino todo lo contrario, esto es debido a un alto contenido en proteínas que poco a poco se van disgregando en aminoácidos libres en un medio con una humedad alta (aproximadamente del 50%), por lo que es un queso muy indicado para personas que se preocupan por su figura o están manteniendo algún tipo de régimen bajo en calorías.

CARACTERÍSTICAS FÍSICAS

Forma.

El Arzúa tierno es lenticular o cilíndrica, con los bordes redondeados, con un diámetro comprendido entre 100 y 260 mm. y una altura entre 50 y 120 mm. En ningún momento la altura podrá ser superior al radio.

El peso oscilará entre 0,5 y 3,5 Kg.

La corteza es fina y elástica, de color amarillo medio a oscuro, brillante, limpia y lisa. Puede presentarse recubierta de una emulsión antimoho, transparente e incolora.

El Arzúa curado es lenticular o cilíndrica, pudiendo presentar la cara superior forma cóncava, con diámetro entre 120 y 200 mm y altura entre 30 y 100 mm.

El peso oscilará entre 0,5 y 2 Kg.

Con corteza no diferenciada, de color amarillo muy intenso, brillante y de aspecto graso, a la que se puede recubrir de una emulsión antimoho, transparente e incolora. La pasta es amarilla intensa, más pálida en el centro, muy compacta, pudiendo presentar escasos ojos.

CARACTERÍSTICAS FISIO-QUÍMICAS

Grasa: mínimo 50% sobre E.S.
Proteína: mínimo 35% sobre E.S.
Materia seca: mínimo 65%
pH: entre 5,1 y 5,4

CATA Y ANÁLISIS SENSORIAL

En el Arzúa tierno encontramos una pasta de color uniforme, entre blanca marfil y amarillo pálido, de aspecto brillante, sin grietas, pudiendo presentar ojos en número reducido, pequeños, angulosos o redondeados y de distribución irregular.

Su aroma es lácteo, recordando el olor de la mantequilla y del yogur, con matices de vainilla, nata y nuez, de intensidad débil.

Su sabor es elemental de leche, ligeramente salado y de acidez media a baja. La textura es fina, poco o medianamente húmeda, poco firme y con elasticidad media.

En la boca es medianamente firme, fundente y soluble con gomosidad media.

En el Arzúa curado encontramos una pasta de amarillo intenso, más pálida en el centro, muy compacta, pudiendo presentar escasos ojos.

Su aroma es muy intenso, de tipo lácteo, resaltando un fuerte olor a mantequilla ligeramente rancia. La sensación olorosa es penetrante y de picor.

El sabor es salado, de baja acidez y amargor medio a bajo. Recuerda a la mantequilla predominantemente, con ligeras notas a vainilla y frutos secos, pudiendo fluctuar entre el centro y la corteza. Sobresale una sensación de picor. El regusto es amargo, a mantequilla y a vainilla

La textura del queso es dura, de corte difícil, pudiendo presentar fracturas, principalmente hacia los bordes, que estarán más secos.

Al tacto es homogénea y muy compacta. En su composición presenta un grado elevado de grasa y una humedad muy baja.

CABRALES

Juan José Valero Durán

Este queso es de los más afamados y que más personas conocen, pero solo por el nombre. Quizá sea el queso más plagiado; cualquier queso azul con hojas se ha vendido como Cabrales. A esto debo añadir que será el queso español que más mitos tiene asignados, yo he escuchado de todo: cuanto más podrido mejor, el bueno es el que tiene gusanos...decir que todo esto es totalmente falso, ni sanidad, ni ningún quesero se comería un queso podrido.

Para comprar un buen queso de Cabrales yo os recomiendo que os fijéis en los siguientes puntos que no deben de aparecer en un producto de calidad.

- Olores/aromas no deseados: sucio, como a cuadra o animal. Rancio, mohoso, viejo, extraño.
- Intenso olor/aroma amoniacal.
- Amargor final muy marcado.
- Astringencia muy marcada.
- Regusto muy poco persistente.
- Regusto desagradable, rancio, amargo o extraño.
- La corteza puede presentarse muy gruesa y dura. Además puede presentar un color negro o excesivamente oscuro. No debe presentarse seca y rajada ni presentar marcas extrañas, o que presente las características de haber pasado por un suficiente periodo de maduración en cueva.
- El color de la pasta puede presentar un color marronaceo oscuro. El color presenta zonas claras y oscuras, no es homogéneo. No hay zonas verde azuladas o estas son poco significativas.
- La corteza puede presentarse muy gruesa y dura. Además puede presentar un color negro o excesivamente oscuro. No debe presentarse seca y rajada ni presentar marcas extrañas. O que presente las características de haber pasado por un suficiente periodo de maduración en cueva.

En este queso insisto mucho, porque como he indicado anteriormente, es un queso que es el líder del fraude y de mitos falsos.

El mejor queso de Cabrales es el que se hace con leches de primavera, pero esa es una simple valoración mía, el que so de Cabrales al realizarse con la mezcla de las tres leches; Vaca, Cabra y oveja, es un queso conforme a las diferentes características productivas estacionales. Hay que decir que cada elaborador hace su mezcla de leche, lo que hace que cada productor de queso haga un queso de "autor".

Para valorar la apariencia del auténtico queso Cabrales empleamos 5 parámetros que nos sirven para calificar visualmente las características exteriores e interiores del queso:

Forma: el queso de Cabrales presenta una forma cilíndrica con caras planas que en determinados casos admiten una ligera concavidad. Los talones del queso son rectos o ligeramente convexos. La altura del queso se encuentra entre los 7 y 15 cm con un diámetro entre 10 y 25 cm. La relación entre el diámetro del queso y la altura debe ser proporcionada. El peso debe encontrarse entre los 0,750 g y los 4 kilogramos.

Corteza: la maduración del queso de Cabrales se realiza en cuevas naturales con una humedad elevada. La corteza es natural, blanda y delgada. No debe de presentar grietas ni marcas extrañas. El color que adquiere en las cuevas es pardo anaranjado a grisáceo, y el aspecto al tacto es limoso debido al significativo desarrollo microbiano en el exterior del queso durante la maduración. Puede presentar crecimientos microbianos que dan una coloración roja o amarilla en determinados puntos.

Color de la pasta: la pasta del queso de Cabrales presenta una tonalidad blanco marfil, que puede variar en función del tipo de leche que se emplee para la fabricación. Este color debe de ser homogéneo en toda la masa. En toda ella se presentan zonas y vetas verde azuladas debidas al crecimiento del hongo del genero Penicillium.

Ojos y cavidades: las características cavidades que presenta este queso, necesarias tecnológicamente para un buen desarrollo del hongo, no deben alcanzar mayoritariamente un tamaño superior a los 0,3 cm, el queso contará con las aberturas mecánicas de pequeño tamaño. Al estar elaborado este queso con leche cruda, puede presentar en la masa ojos fermentativos, pero estos han de ser poco numerosos a simple vista.

CARACTERÍSTICAS FISIO-QUÍMICAS

Grasa: mínimo 45% sobre E.S.
Humedad: mínimo 30%
Materia seca: mínimo 55%
pH: entre 4,8 y 5,8

CATA Y ANÁLISIS SENSORIAL

Olor: el olor del queso de Cabrales es intenso y penetrante. La familia que predomina es la láctica si bien al ser un queso en cuya maduración el microorganismo fundamental es el Penicillium, la importante labor lipolítica que este provoca, lleva a una gran complejidad en los compuestos liberados. El tipo de leche con que el queso haya sido fabricado también influye en la intensidad del olor percibido, el olor se aprecia con más intensidad cuando en su fabricación se emplea leche de cabra. El olor ha de ser limpio y agradable, se perciben también notas picantes. Es muy importante el desarrollo de componentes afrutados (avellanas, almendras...) en la calidad del olor.

Sabor: en este apartado se valora el sabor, sensaciones sápidas y trigeminales producidas en la lengua y cavidad bucal (salado, amargo, ácido y picante) y el aroma percibido por vía retronasal. El sabor del queso debe de ser equilibrado e intenso. Dependiendo del tipo de leche con el que se haya fabricado la intensidad del sabor se acentúa. No debe de presentar un exceso de sal, ni tampoco debe dejar al final un sabor amargo. La sensación picante debe encontrarse en niveles de intensidad medios, no debe molestar. Tampoco debe presentarse una sensación de astringencia intensa.

Regusto: después de ingerido el queso, debe permanecer en nuestro recuerdo el sabor pronunciado e intenso que hemos percibido y este recuerdo debe persistir durante un tiempo, por tanto la sensación debe ser pronunciada, intensa y persistente.

CAMARENO

Juan José Valero Durán

El queso Camareno es un queso elaborado con leche de cabra en las Comarcas de Rioja Alta, Sierra Rioja Alta, Sierra Rioja Media y Sierra de Rioja Baja y en una serie de municipios de las comarcas de Rioja Media y Rioja Baja

Ya el escritor medieval Gonzalo de Berceo mencionaba los quesos elaborados por los cameros:

Unas tierras dan vino, en otras dan dineros,
En aguna Çevera, en alguantas carneros,
Fierro traen en Alava e cunnos de azeros,
Quesos dan en ofrendas por todos los camberos.

En el catastro de Ensenada (siglo XVIII) se constata la existencia de rebaños de ganado caprino en la zona del valle del Ebro, tanto en Logroño como en Haro. En este último municipio, la presencia de ganado caprino está datada desde el siglo XIII.

En la publicación «Por las cocinas de Cameros» de Luis Vicente Elías y Erhard Rohmer publicada por el Instituto de Estudios Riojanos, puede leerse que este producto era un alimento importante en la vida tradicional serrana ya que aparece en diversos rituales y celebraciones y que la importancia y valor del queso se refleja también en algunos impuestos que se pagaban a los señores de los Cameros y que se hacían en queso.

La elaboración de queso de cabra en estos lugares fue una práctica habitual lo mismo en la época medieval, que en la moderna, debido al carácter autosuficiente de los monasterios. Esta circunstancia hizo que durante el siglo XVI y XVII se registraran frecuentes pleitos entre los propietarios de viñedos en la zona de Haro y los propietarios de cabras (no sólo monjes), dado el carácter destructivo de este tipo de ganado para ciertos cultivos.

El queso Camareno se encuentra referenciado en el «Inventario Español de Productos Tradicionales de la tierra» en los «Catálogos de quesos de España» del MAPA (1973 y 1990) y en «Los 100 mejores quesos de España».

CARACTERÍSTICAS FÍSICAS

Forma.

Los quesos de Camareno tienen forma cilíndrica aplanada, con marcas de las cillas (molde de mimbre trenzado) utilizadas en su elaboración.

Podemos encontrar cuatro tipos de queso Camareno:

Queso Camareno fresco.- Elaborado con leche de cabra, pasteurizada, de coagulación enzimática y pasta blanda. No sufre proceso de maduración.

Queso Camareno tierno.- Elaborado con leche de cabra pasteurizada, de coagulación enzimática y pasta semidura, con una curación mínima de 15 días.

Queso Camareno semicurado.- Elaborado con leche de cabra, pasteurizada, cuya curación tiene un mínimo de 30 días.
Queso Camareno curado.- Elaborado con leche de cabra, cruda o pasteurizada, con una curación mínima de 75 días.

CARACTERÍSTICAS FISIO-QUÍMICAS

Queso Camareno fresco.

Materia grasa sobre extracto seco: 35 % mínimo.
Extracto seco total: 40 % mínimo.

Queso Camareno tierno.

Materia grasa sobre extracto seco: 40 % mínimo.
Extracto seco total: 45 % mínimo.

Queso Camareno semicurado

Materia grasa sobre extracto seco: 50 % mínimo.
Extracto seco total: 45 % mínimo.

Queso Camareno curado.

Materia grasa sobre extracto seco: 50 % mínimo.
Extracto seco total: 55 % mínimo.

CATA Y ANÁLISIS SENSORIAL

Queso Camareno fresco.- Tiene un sabor entre dulzón y ácido, muy desarrollado y definido.

Queso Camareno tierno.- Tiene un sabor intenso, definido y con un toque ácido.

Queso Camareno semicurado.- Tiene un sabor intenso definido y con un toque ácido.

Queso Camareno curado.- Tiene un sabor intenso y definido.

Juan José Valero Durán

CASÍN

Juan José Valero Durán

El queso Casín, es un queso graso, madurado, elaborado con leche entera y cruda de vaca.

El origen del queso Casín, se desconoce, pero se cree que es uno de los más antiguos de España y del mundo, no solo por las referencias documentales que lo sitúan en el siglo XIV sino por la inusual técnica de amasar la cuajada.

Según la leyenda, parece que al rey don Pelayo le gustaban los quesos y que sus huestes los llevaban como avituallamiento. Se cuenta que después de la batalla de Covadonga, en el año 713, los *"casinos"* -habitantes de Caso- le regalaron un queso tan grande que hubo de ser transportado en un carro del país, tirado por casinos. Tanto le agradó a don Pelayo este obsequio, que concedió nobleza a todos los habitantes del lugar.

Este queso puede ser de origen romano, pues según Plinio, el Caseus luniensis -forma de luna- puede llegar a pesar 500 kilogramos y este queso Casín, que ha llegado a nuestros días, se hace de una forma tan original, única en el mundo, que podría dársele el tamaño que se quisiera mediante refundido y amasado de los quesos en máquinas muy primitivas.

En la collada de Arnicio se celebra todos los años el Festival del Queso Casín el último fin de semana de agosto, un evento al que no puede faltar ningún amante del queso y la naturaleza..

CARACTERÍSTICAS FÍSICAS

Forma.

El queso Casín Tiene una forma Cilíndrico-discoidal irregular, con una cara grabada con motivos florales, geométricos, símbolos o nombres del elaborador.

Altura: de 4 a 7 cm.
Diámetro: de 10 a 20 cm.

El peso oscila entre 0,250 y 1 Kg.

CARACTERÍSTICAS FISIO-QUÍMICAS

Extracto seco mínimo 57%.
Grasa en extracto seco mínimo 45%.
Proteína en extracto seco mínimo 35%

Peso: entre 250 y 1.000 gramos

La corteza del Casín es: lisa, tenue, puede decirse que no tiene corteza, ya que, a través de los sucesivos amasados, la maduración es uniforme y simultánea dentro y fuera, el exterior y el interior forman una masa compacta y ligada, limpia, seca o ligeramente untuosa. Color amarillo cremoso oscuro, con tonalidades blanquecinas. Presenta en bajorrelieve en su cara superior el sello propio de cada productor.

CATA Y ANÁLISIS SENSORIAL

La pasta es firme, friable, de semidura a dura, color amarillento sin ojos, si bien puede tener pequeñas grietas; desmenuzable al corte; textura mantecosa al paladar; consistencia plástica y homogénea.

Olor: fuerte y potente.

Sabor: dependiendo del proceso de elaboración, especialmente de las veces que se amase en la máquina de rabilar, el muy trabajado tiene un sabor acre, picante, fuerte, difícil para paladares no habituados y posee el penetrante y rústico aroma de la mantequilla sazonada por el tiempo; el menos trabajado tiene los mismos sabores, aunque más rebajados en intensidad. En todo caso, sabor fuerte, amplio, persistente, picante y ligeramente amargo al final de boca, retrogusto fuerte.

Juan José Valero Durán

CEBREIRO

Juan José Valero Durán

El queso Cebreiro es un queso fresco de pasta blanca, blanda y granulosa, elaborado con leche de vaca. Está elaborado sin ningún tipo de aditivo ni conservante, de manera completamente natural.

Antiguamente los quesos se prensaban poniendo una piedra encima de la cuajada. Esta forma de prensar es lo que dio al queso del Cebreiro su forma tan peculiar que se asemeja a un hongo o al gorro de un cocinero.

Hoy en día ya no se utiliza esta forma de prensar pero se mantiene su peculiar forma. Así, la forma ha pasado a ser un símbolo a pesar de las innovaciones tecnológicas que hacen del queso actual un producto en perfectas condiciones higiénico-sanitarias, aunque sigue siendo un queso artesanal y completamente natural.

En el siglo XVII era considerado uno de los quesos más caros del mundo. Apreciado por los Reyes Católicos, Carlos III e Isabel de Portugal. De hecho, en 1746 se estableció la Orden Real por la que se solicitaba el envío de queso de Cebreiro una vez por semana a las cortes de España y Portugal.

A pesar de su reconocida calidad, estuvo a punto de desaparecer a finales de los años 80, cuando su producción se redujo a algunas familias de la zona, que lo elaboraban para consumo propio.

Pero en 1990 surge la primera quesería artesanal, recuperando así la comercialización de los quesos de Cebreiro.

CARACTERÍSTICAS FÍSICAS

Forma.

El queso Cebreiro tiene forma de hongo o gorro de cocinero, compuesto de dos partes:

- Una base cilíndrica, de diámetro variable y con una altura no superior a 12 cm.
- Un sombrero que tiene entre 1 y 2 cm más de diámetro que la base y una altura no superior a 3 cm.

El peso oscilará entre 0,3 y 2 Kg.

El queso fresco Cebreiro no presenta corteza diferenciada.

El queso curado Cebreiro tiene la corteza poco diferenciada.

CARACTERÍSTICAS FISIO-QUÍMICAS

Humedad: variable según el grado de maduración, pero siempre inferior al 50%.
Grasa: mínimo 45% y máximo 60%, sobre extracto seco.
Proteínas: contenido superior al 30%.

CATA Y ANÁLISIS SENSORIAL

El queso fresco no tiene corteza diferenciada, con un sabor lácteo algo ácido. la masa es blanca y granulada, blanda, arcillosa al tacto, untuosa, fundente al paladar. Su sabor y aroma recuerdan a la leche de la que procede, es ligeramente ácido.

Cuando está curado tiene la corteza poco diferenciada; la pasta es amarillenta pudiendo ser de amarillo intenso, y firme, presenta una consistencia dura a veces y siempre más firme que mantecosa. Su sabor es un tanto metálico, picante y lácteo, con un aroma característico.

Juan José Valero Durán

FLOR DE GUÍA
Y QUESO DE GUÍA

Juan José Valero Durán

El queso Flor de Guía y el queso de Guía son quesos grasos o semigrasos. Elaborados fundamentalmente con leche de oveja canaria admitiéndose, no obstante, la mezcla de leche de oveja con la de otras especies, siempre que se respeten las siguientes proporciones:

- La leche de oveja canaria estará presente siempre al menos en un 60 %.
- El porcentaje máximo a utilizar de leche de vaca canaria y sus cruces será de un 40 %.
- La proporción máxima a usar de leche de cabra canaria de cualquiera de las razas se establece en un 10 %.

Su principal característica radica en que la coagulación de la leche se realizará exclusivamente con cuajo vegetal obtenido de los capítulos florales secos de las variedades de cardo "Cynara cardunculus var. Ferocísima" y "Cynara scolymus".

El queso que se produce en los municipios de Gáldar, Moya y Santa María de Guía presenta una estacionalidad muy marcada y altamente arraigada con el sistema tradicional de producción.

Esta característica es fundamental y marca el período de producción que se comprende entre los meses de enero a julio.

El "Queso de Flor de Guía" o "Queso de Guía", aunque se haga en Gáldar, Moya y Guía, es conocido por el nombre de este último pueblo porque era donde los comerciantes y ganaderos vendían el queso, en la Plaza Grande de la misma.

Estos quesos solo se producen en los tres municipios canarios descritos anteriormente. Son muchos los historiadores que relatan la tradición quesera de estos municipios. Así lo demuestran los numerosos escritos religiosos, eruditos, viajeros, militares o geógrafos, que, desde la creación de la Villa de Guía en 1526, recogen y nombran las bondades del queso de Flor.

Las excelencias del Queso Flor de Guía trascendieron más allá de las Islas y su fama llegó no sólo a la Península Ibérica y resto de Europa sino también a América, como consta en varios documentos del siglo XIX.

Ejemplo de ello son las cartas comerciales de, entre otros, Don Esteban Bethencourt Sánchez-Ochando (1857), Pedro Bautista Hernández (1887), Teodomiro Bautista (1887), y otros, recogidas en los Archivos de la Biblioteca Municipal de Santa María de Guía.

CARACTERÍSTICAS FÍSICAS

Forma.

Flor de Guía.

El queso Flor de Guía tiene una forma cilíndrica.

Peso: entre 2 y 5 Kg

Altura: de 4 a 6 cm.

Diámetro: de 22 a 30 cm.

Corteza: Es bastante fina, elástica y blanda, de color blanco-marfil apagado y formas con tendencia a torta. En los quesos de mayor maduración, la corteza es más dura, bien definida y de color marrón oscuro.

Queso de Guía.

El queso de Guía tiene una forma cilíndrica.

Peso: entre 2 y 5 Kg

Altura: de 4 a 6 cm.

Diámetro: de 20 a 30 cm.

Corteza: Tanto en el grosor como en el color presentan variación dependiendo del tiempo de maduración, de tal forma que nos encontramos con la corteza exterior bastante fina y de color marfil para quesos semicurados y cortezas gruesas de color marrón oscuro en los más curados, pasando por toda la gama de amarillos.

CARACTERÍSTICAS FISIO-QUÍMICAS

Flor de Guía.

Grasa: mínimo 30 % sobre E.S.
Proteínas: mínimo 23% sobre E.S.
Humedad: máximo del 44 %.

Queso de Guía.

Grasa: mínimo 28 % sobre E.S.
Proteínas: mínimo 23% sobre E.S.
Humedad: máximo del 43 %.

CATA Y ANÁLISIS SENSORIAL

Flor de Guía.

En los quesos semicurados la pasta es de color crema, de consistencia muy blanda, cerrada al corte, de textura muy cremosa, mientras que en los curados es de color amarillo-parduzco, de consistencia dura, que al partirse produce un agradable olor.

Su olor es de intensidad media, familia láctica, vegetal (cardo y frutos secos) y animal.

Tiene un sabor amargo, salado y ácido con sensaciones ligeramente ardientes y astringentes, al final un regusto de persistencia media.

Queso de Guía.

La pasta va del blanco-marfil al amarillo, la consistencia oscila entre la muy blanda y la dura, aunque por lo general son compactos al corte y cerrados.

Posee un olor de intensidad media, familia láctica, vegetal (cardo y frutos secos), animal (cuajo) y en ocasiones floral o torrefacto.

Tiene un sabor salado y ácido sobre todo, detectándose en algunos un ligero sabor amargo.

Juan José Valero Durán

GAMONEU

Juan José Valero Durán

Para mí, este es uno de los mejores quesos, no solo de España, sino del mundo, el día que conocí este queso no se me olvidará en la vida ¡La de pulguitas que nos pudimos comer untadas con Gamoneu! Un queso que puede competir con cualquiera.

El queso Gamoneu es un queso graso, madurado, de corteza natural, elaborado con leche cruda de vaca, oveja y cabra, o con mezclas de dos o de los tres tipos de leche indicados, ligeramente ahumado y con leves afloraciones verde-azuladas de penicillium cerca de los bordes.

El mejor Gamoneu es el que se elabora en junio con los tres tipos de leche, un queso único donde los haya.

Se elabora en uno de los lugares más bellos y conocidos de España, entre los municipios de Cangas de Onís y Onís, justo donde se encuentra el Parque Nacional de la Montaña de Covadonga, ya solo su zona de producción dice casi todo de él.

El queso Gamoneu o Gamonedo ya se elaboraba en el siglo XVII cuando servía de sustento "*a los pobres del concejo*", según figura en un escrito de 1.641 al Rey Felipe IV, sobre aprovechamiento de pastos.

El queso Gamoneu es consecuencia directa de la trashumancia tradicional. Los excedentes de leche que el puerto generaba en los meses de primavera y verano eran transformados en queso y manteca para evitar su pérdida.

La leche se manipulaba en las pequeñas cabañas de pastores y posteriormente, el queso se curaba en las abundantes cuevas calizas, asegurándose así su mantenimiento anual.

La producción de los quesos es estacional en los meses de junio a septiembre.

Se elaboran en instalaciones queseras de reducidas dimensiones previstas para este fin y ubicadas en los puertos de la zona.

CARACTERÍSTICAS FÍSICAS

Forma.

Cilíndrica, con caras sensiblemente planas
Altura: de 6 a 15 cm.
Diámetro: de 10 a 30 cm.

El peso oscila entre 0,5 y 7 Kg.

Corteza: delgada, adquirida durante la fase de ahumado, color siena tostado, con tonalidades rojizas, verdes y azuladas. Afloraciones de penicillium en las proximidades de la corteza.

CARACTERÍSTICAS FISIO-QUÍMICAS

Grasa: mínimo 45% sobre E.S.
Proteínas: mínimo 25% sobre E.S.
Extracto seco: mínimo del 55 %.
PH: entre 4,5 y 6,5

CATA Y ANÁLISIS SENSORIAL

El Gamoneu es de pasta dura o semidura, firme y friable. Ojos irregularmente repartidos y de pequeño tamaño.

En su interior el color es blanco o blanco-amarillento, con leves afloraciones verde-azuladas en los bordes. En la corteza su coloración es peculiar debido al ahumado que le confiere un color siena tostado, que posteriormente durante su estancia en cuevas o bodegas al poblarse de hongos adquiere tonalidades rojizas, verdosas y azuladas.

Tiene un sabor de predominio suave del humo y un punto ligeramente picante.

En boca evoluciona mantecoso, con regusto persistente a avellana.

Un queso que cuando lo pruebas te deja un recuerdo que nunca olvidas.

Juan José Valero Durán

IBORES

Juan José Valero Durán

El queso Ibores se elabora con leche cruda de cabra, siendo tradicional la presentación pimentonada, así como untados en aceite.

Es un producto cuyos orígenes, tanto en su elaboración como en su comercialización, son ancestrales..

No obstante, hay constancia de su comercialización los jueves de cada semana en Trujillo, desde el 14 de Julio de 1465, fecha en la que le fue concedido a esta ciudad por Enrique IV de Castilla, el privilegio de celebrar un mercado franco, exento de alcabalas sobre hortalizas, cereales, ganados y sus derivados -*carne, leche y queso*-. En esta localidad todavía se conserva el nombre de una de sus calles como "*Calle de los Cabreros*", por la que solían transitar ganaderos y ganado, como paso obligado para acudir al mercado semanal.

Antaño las transacciones de queso Ibores se realizaban "por temporada". El ganadero, a la vez quesero, se comprometía a entregar al "*afinador*", -persona que se dedicaba a almacenar y madurar los quesos para su venta posterior- todo el queso obtenido durante la temporada de producción, y éste quedaba obligado durante dicho período a la adquisición de todo el producto a los precios de mercado. Los tratos se cerraban y formalizaban verbalmente, como única garantía de compromiso por ambas partes.

Por otra parte, en la localidad de Jaraicejo se solicita en febrero de 1940 la celebración de un mercado semanal que es concedido en enero de 1945. Con el tiempo este mercado quedó reducido a la compra-venta de queso de cabra, concurriendo cada semana desde enero a julio, por los productores de los pueblos más cercanos.

En la actualidad y debido fundamentalmente a la

importancia de los sectores lechero y quesero en esta zona de Extremadura, se comienza a celebrar en Trujillo en 1986 con carácter anual, la Feria Nacional del Queso, a la que concurren los mejores productos queseros de todo el país. Es una de las ferias que más he visitado, a la que cualquiera que sea amante del queso no debe faltar, una feria maravillosa y en el mejor escenario posible; el pueblo de Trujillo, puede ser el mejor fin de semana para un amante del queso y de los viajes.

CARACTERÍSTICAS FÍSICAS

Forma.

Su forma es cilíndrica, con caras sensiblemente planas
Altura: de 5 a 9 cm.
Diámetro: de 11 a 15 cm.

El peso oscila entre 0,65 y 1,2 Kg.

Corteza: su corteza es lisa y semidura, cuyo color natural es amarillo céreo a ocre oscuro, siendo tradicional la presentación pimentonada, así como untados en aceite, pudiendo presentar diversas coloraciones, -producto de los distintos mohos-, desde el grisáceo en corteza natural, a rojo anaranjado en los pimentonados, hasta ocre amarillo en los quesos untados en aceite.

CARACTERÍSTICAS FISIO-QUÍMICAS

Grasa: mínimo 45% sobre E.S.
Proteínas: mínimo 30% sobre E.S.
Extracto seco: mínimo del 50 %.
PH: entre 5 y 5,5

CATA Y ANÁLISIS SENSORIAL

El queso de los Ibores tiene una pasta de color blanco marfil, semidura, de textura suave, mantecosa y húmeda, entre friable y elástica, presentando ojos pequeños, poco abundantes y desigualmente repartidos.

Posee un olor de suave a moderado, a queso de cabra elaborado con leche cruda.

Con un sabor característico, mantecoso, ligeramente ácido, moderadamente picante, algo salado, suavemente caprino en el retrogusto, y muy agradable al paladar.

Juan José Valero Durán

IDIAZÁBAL

Juan José Valero Durán

El queso Idiazábal es uno de los quesos más conocidos, pero al igual que el Manchego, siempre ha estado expuesto a fraudes, más por el desconocimiento del consumidor, que otra cosa, se han vendido muchos quesos ahumados como Idiazábal que no lo eran.

Es el queso bandera del País Vasco, del cual se sienten orgullosos y le dan un valor muy especial, llegándose a realizar subastas del primer queso de la temporada.

Una de las cosas que hace único al queso Idiazábal es la leche que se utiliza para elaborar los quesos, esta es leche cruda que procede sobre todo de las ovejas de raza Latxa, que es un animal pequeño y rústico, una oveja que produce una cantidad de leche limitada, más o menos unos cien litros por temporada, principalmente desde febrero.

Como nota curiosa y que pocas personas saben del queso Idiazábal; es su papel en la prevención de la caries dental al impedir el crecimiento de algunos de los microorganismos que la provocan. Esta propiedad es debida a su bajo contenido en hidratos de carbono y a que aumenta la secreción de saliva.

También hay que destacar su elevado contenido en calcio, lo cual hace del Idiazábal un alimento adecuado para prevenir la osteoporosis.

La zona de producción de leche apta para la elaboración del queso Idiazábal comprende las áreas naturales de difusión de las razas de ovejas Latxas y/o Carranzana en Alava, Bizkaia, Gipuzkoa y Navarra, salvo los municipios que integran el Valle del Roncal.

CARACTERÍSTICAS FÍSICAS

Forma.

Cilíndrica, con caras sensiblemente planas
Altura: de 8 a 12 cm.
Diámetro: de 10 a 30 cm.

El peso oscila entre 1 Kg. y 3 Kg.

La corteza es dura, de color amarillo pálido para los no ahumados y pardo oscuro para los ahumados.

CARACTERÍSTICAS FISIO-QUÍMICAS

Grasa: mínimo 45% sobre E.S.
Proteínas: mínimo 25% sobre E.S.
Extracto seco: mínimo del 55 %.
PH: entre 4,9 y 5,5

CATA Y ANÁLISIS SENSORIAL

El queso Idiazábal es un queso compacto, con una elasticidad no muy pronunciada, bastante firme, donde se pueden detectar granulosidades al masticarlo, sin llegar a ser grumoso.

A medida que el queso madura se produce una pérdida de humedad que da lugar a una pasta menos elástica, más quebradiza y dura.

El sabor del queso Idiazábal es intenso, «llena la boca», equilibrado, limpio y consistente con un marcado carácter «a leche madurada de oveja» y algo de sabor a cuajo natural siempre que haya madurado el tiempo suficiente. Tiene un tono picante y debe haber ausencia de amargor. Su salinidad es media. Después de una degustación, deja un regusto persistente de su sabor característico.

El queso Idiazábal debe tener un olor intenso, penetrante y limpio. Debe haber una ausencia de olores extraños. En los quesos ahumados, el olor de la pasta a humo no debe ser demasiado.

Juan José Valero Durán

L'ALT URGELL I LA CERDANYA

Juan José Valero Durán

EL Queso de l'Alt Urgell i la Cerdanya, es un queso de pasta prensada, graso, curado, elaborado a partir de leche de vaca pasteurizada.

Cabe destacar como peculiaridades propias de este queso la utilización de fermentos de cultivo propio; el drenaje del suero antes del moldeado que dará lugar a los ojos característicos de la pasta; y la siembra en la corteza, durante los primeros días de maduración, con fermentos aromáticos específicos de superficie.

Las comarcas del Alt Urgell y la Cerdanya forman parte de la España húmeda que va desde Galicia hasta los Pirineos Catalanes. La Abundancia de los pastos de los valles de alta montaña ha permitido que la vaca sea la especie predominante. La tradición quesera de esta zona es muy antigua.

El queso se elaboraba en las masías para consumo familiar y los pequeños excedentes producidos se vendían en las ferias de ámbito local y comarcal.

Los ganaderos locales se decidieron por importar ganado suizo que era buen productor de leche y de carne, cruzándose los sementales con los ejemplares más lecheros de las razas autóctonas. El excedente de leche se orientó a la elaboración de queso y mantequilla.

CARACTERÍSTICAS FÍSICAS

Forma.

EL Queso de l'Alt Urgell i la Cerdanya tiene forma cilíndrica.

Diámetro: de 19 a 20 cm.

El peso es de alrededor a los 2 Kg.

La corteza es natural ligeramente húmeda y de color pardo, y con olor propio de los fermentos sembrados en su superficie.

CARACTERÍSTICAS FISIO-QUÍMICAS

Grasa: mínimo 50% sobre E.S.
Extracto seco: mínimo del 54 %.

CATA Y ANÁLISIS SENSORIAL

La Pasta de este queso es de color crema o marfil; ojos abundantes de origen mecánico, pequeños, de forma irregular, distribuidos por toda la pasta.

Con una textura Semiblanda y de consistencia cremosa y tierna.

Tiene un aroma dulce y penetrante.

Su sabor es suave, franco, agradable, muy característico de este queso.

Juan José Valero Durán

MAHÓN

Juan José Valero Durán

El queso de Mahón-Menorca es de pasta prensada y está elaborado exclusivamente con leche de vaca.

En el queso de Mahón encontramos tres variedades según su curación. Estas son:

Mahón Tierno.- Es un queso suave.
Tiene un tiempo de maduración entre 21 y 60 días.

Mahón-Semicurado.- Tiene la corteza de color anaranjado o pardo si es artesano.
Tiene un tiempo de maduración entre 2 y 5 meses.

Mahón-Curado.- Para los amantes del queso es una delicatessen..
El tiempo de maduración es superior a los 5 meses.

En la isla se han encontrado piezas de cerámica datadas sobre el año 3000 a. C. que parece que podrían haber sido usados como utensilios por los ganaderos para la elaboración del queso.

Escritos árabes del año 1000 hacen ya referencia a las importantes producciones de quesos, vinos y carnes en Menorca. En concreto, el historiador árabe Ashashaskandi dice de Menorca: «tiene una buena ganadería y viñas que sirven para hacer buenos quesos y vinos».

Los antiguos navegantes griegos conocían la riqueza ganadera de la isla de Menorca a la que denominaban Meloussa -tierra de ganado-. Hay constancia documentada de la elaboración de queso en el siglo V, por la carta encíclica del Obispo Severo del año 417, que se conserva en la Biblioteca Vaticana, así como de un importante comercio de este producto desde la Edad Media, con otros puntos del Mediterráneo. Desde el siglo XV, la sociedad comercial de los hermanos Datini de Lucca (Toscana), extendió sus redes a la isla de Menorca, donde enviaban mercaderes para comprar lanas y quesos.

Los archivos de la corona de Aragón también reflejan la importancia de la ganadería menorquina y del queso Mahón en los siglos XV y XVI

La primera dominación británica (1713-1756) dió un gran impulso a la ordenación pecuaria y a la producción de queso en la isla de Menorca. El gobernador Kane importó vacas, puso en práctica una política encaminada a mejorar los pastos y favoreció la producción y exportación quesera.

Durante el siglo XVIII el puerto de Mahón se incorpora como eslabón en el comercio de Oriente, entre Gibraltar y Malta. Las autoridades militares al relacionar las exportaciones de queso menorquín añadían "Mahón" para indicar el puerto de procedencia, con lo cual -si bien el producto era, y es, elaborado en toda la isla de Menorca- fue adquiriendo la denominación Queso Mahón con la que hoy se conoce.

CARACTERÍSTICAS FÍSICAS

Forma.

Paralelepípedo de base cuadrada con cantos y aristas redondeados.
Altura: entre 5 y 9 cm.
El peso oscila entre 1 Kg. y 4 Kg.

La corteza del queso de Mahón es de consistencia compacta, grasienta y color variable entre amarillo y pardo amarillento, presentando marcas de los pliegues del lienzo en la cara superior.

CARACTERÍSTICAS FISIO-QUÍMICAS

Grasa: no inferior al 38 % sobre extracto seco.
Extracto seco total: no inferior al 50 %.

CATA Y ANÁLISIS SENSORIAL

Mahón Tierno.- Tiene un color blanco-amarillento, con una corteza poco desarrollada, blanco y elástico. De aromas lácticos con leve recuerdo a mantequilla y un ligero toque acidulo.

Mahón-Semicurado.- De pasta firme y corte fácil, de color marfil amarillento, en su interior tiene un número variable de ojos de tamaño pequeño, repartidos de forma irregular. Con sabor y aromas lácticos más evolucionados, con cierto toque a mantequilla y a frutos secos –avellanas-, de persistencia bucal media.

Mahón-Curado.- Tiene una textura firme y dura, es menos elástico y en estados avanzados de curación es quebradizo y se hace escamas al cortarlo. El sabor y los aromas están muy evolucionados, complejos e intensos. Tiene una persistencia bucal muy larga. Sugiere recuerdos a madera envejecida, cuero curtido o cava de maduración; suele aparecer la sensación picante.

MAJORERO

Consejo Regulador de
Denominación de origen

Juan José Valero Durán

No hay palabras para definir este queso, puede que sea uno de los mejores quesos del mundo, con permiso de Gamoneu, un queso inigualable a la vez que sublime, uno de mis quesos favoritos.

El Majorero es un queso de pasta prensada elaborado con leche de cabra Majorera. En momentos puntuales, cuando se destina a la maduración, se le añade hasta un máximo de un 15 por 100 de leche de oveja canaria, estos son los que enamoran, un verdadero tesoro de las Islas Canarias.

El nombre del queso Majorero deriva de la palabra aborigen *"Maxorata"*. Esta palabra definía la parte norte del territorio de la antigua isla de Fuerteventura en los años previos a la conquista.

Los orígenes del queso majorero se remontan al periodo prehispánico durante el cual debió ocupar un lugar preferente en la alimentación del personal aborigen - popularmente conocidos como guanches- tal como se refleja en los testimonios escritos de los colonizadores del s. XV.

Son interesantes las referencias escritas de viajeros extranjeros como George Glas en 1764. Habla de las costumbres y de los alimentos y provisiones que le suministraron, entre ellas el queso, así como de la exportación que se hace del mismo.

Pero el más completo fue el doctor Rene Vernau (1884-1888) que como buen antropólogo y naturalista describe a la perfección los ganados, el tipo de pastoreo, los pastores y la manera de hacer el queso.

Atendiendo al grado de maduración, el queso Majorero será:

Tierno: entre 8 y 20 días.
Semicurado: entre 20 y 60 días.
Curado: más de 60 días.

CARACTERÍSTICAS FÍSICAS

Forma.

El queso Majorero tiene una forma cilíndrica.
Altura: entre 6 y 9 cm.
Diámetro: de 15 a 35 cm.

El peso oscila entre 1 Kg. y 6 Kg.

La corteza del Majorero es de color blanco y prácticamente inexistente en los quesos tiernos y pardo amarillentos en los curados. Cuando se hayan realizado tratamientos de superficie –untado- con pimentón, aceite a gofio –harina de maíz o trigo-, la corteza presentará el aspecto característico.

CARACTERÍSTICAS FISIO-QUÍMICAS

Grasa: mínimo 50 % sobre E.S.
Proteínas: mínimo 25% sobre E.S.
Extracto seco: mínimo del 55 %.
PH: entre 4,5 y 5

CATA Y ANÁLISIS SENSORIAL

La pasta del queso Majorero es compacta al corte, de textura cremosa Es de color blanco, tomando un ligero tono marfileño en los quesos curados, generalmente sin ojos, aunque pueden aparecer algunos pequeños.

Tiene un olor característico a nata que recuerda al animal y a la vez dulce y penetrante.

El sabor es suave cuando está fresco, y fuerte y algo picante si está curado.

Juan José Valero Durán

MANCHEGO

Pocas son las presentaciones que necesita este queso. Podemos denominarlo como el rey de los quesos españoles, un queso mundialmente conocido y valorado en todo el mundo, aunque expuesto a un sinfín de fraudes, ya que se han vendido quesos que no lo eran como si lo fueran. Hubo un momento en el que todo era Manchego, pero gracias a la Consejería, que se preocupa incansablemente de perseguir los fraudes, esto ya es historia.

Queso de pasta prensada elaborado con leche de oveja de la raza manchega, con una maduración mínima de 30 días, para quesos con peso igual o inferior a 1,5 kg, y de 60 días, para el resto de formatos, y máxima de 2 años.

Existen dos variedades de oveja manchega, según su capa: una blanca, con las mucosas despigmentadas que es la más numerosa y otra negra.

El aprovechamiento de la leche en la elaboración del queso ha sido una práctica habitual en las ganaderías de la zona. Dentro de la fase de elaboración destacaremos el empleo de **la pleita**, que en su origen era de esparto. Sin duda fueron los romanos los que aportaron esta peculiar característica al queso, conservándose a través de los años, pues según algunas citas bibliográficas, La Mancha era considerada como el antiguo campo espartario de los romanos. Actualmente se utilizan moldes más higiénicos (de plástico) imitando el dibujo.

Desde siempre los habitantes de la Comarca de La Mancha se dedicaban al pastoreo y elaboración de queso, tal como hicieron todas las poblaciones primitivas.

Restos arqueológicos como cuencos, vasijas perforadas, queseras y otros utensilios se encuentran repartidos por los numerosos museos de la Comunidad

Autónoma de Castilla-La Mancha, lo que demuestra que ya en la Edad del Bronce se elaboraba queso, en lo que hoy se conoce como comarca natural de La Mancha.

Un queso de oveja cuya materia prima procedía de una raza que podría considerarse antecesora de la actual oveja manchega. Esta raza ha sobrevivido al paso de los siglos arraigada a la tierra de la que ha tomado el nombre.

El queso manchego aparece en algunas citas de documentos históricos y literarios, así, en el *"El Ingenioso Hidalgo Don Quijote de La Mancha"* de don Miguel de Cervantes, vincula claramente el queso con La Mancha.

Para saber si estamos ante un queso Manchego legítimo, debemos tener en consideración los siguientes puntos y así evitaremos que nos den otro queso de oveja, pero que no es Manchego, vamos " Gato por liebre", como diría aquel.

- El aspecto exterior es entramado y sus caras planas presentan líneas dividiendo la superficie en cuatro partes.

- Color natural. Dependiendo de su curación puede variar del tono marfil al pardo. La corteza podrá ser recubierta de sustancias inactivas transparentes.

- En la etiqueta comercial debe figurar que se ha elaborado íntegramente con leche de oveja manchega. También se podrá leer la palabra "Manchego".

- Solo se puede elaborar queso Manchego en la zona amparada por la Denominación de Origen, que abarca parte de las provincias de Albacete, Ciudad Real, Cuenca y Toledo.

- Adherida a la etiqueta comercial se encontrará una contraetiqueta distintiva del Consejo Regulador de la Denominación de Origen Queso Manchego, con su logotipo. Numerada y seriada, garantiza que la pieza ha superado los controles de calidad.

- Si se trata de piezas con peso inferior a 1,500 kgs. irán cruzadas por una franja azul en su ángulo superior derecho.

El Queso Manchego es un alimento muy completo, que concentra todas las cualidades nutritivas de la leche. Contiene una elevada proporción de proteínas, lo que le hace ser incluso más rico que la carne en estos elementos.

En el queso manchego también están presentes vitaminas tan importantes como la A, la D y la E, fundamentales en procesos metabólicos, como el crecimiento, la conservación de tejidos y la absorción de calcio.

Por su composición, se recomienda su consumo en todas las edades. Durante la etapa de crecimiento, por su alto contenido en calcio. Para los adultos, por la gran cantidad de proteínas que aporta, que cubren el desgaste producido a diario en estos principios inmediatos. Por último, es aconsejable su consumo a las personas de la tercera edad, ya que retarda, en gran medida, la descalcificación ósea y es un alimento más digestible que la leche.

CARACTERÍSTICAS FÍSICAS

Forma.

El queso Manchego tiene una forma cilíndrica con caras sensiblemente planas.

Altura: máxima 12 cm.
Diámetro: máximo 22 cm.

El peso oscila entre 0,5. y 4 Kg.

La corteza del Manchego es dura, de color amarillo pálido o verdoso-negruzco, debiendo observarse la presencia de las impresiones de los moldes «tipo pleitas» en la superficie lateral y «tipo flor» en las caras planas.

CARACTERÍSTICAS FISIO-QUÍMICAS

Grasa: mínimo 50 % sobre E.S.
Proteínas: mínimo 30% sobre E.S.
Extracto seco: mínimo del 55 %.
PH: entre 6,5 y 7

CATA Y ANÁLISIS SENSORIAL

La pasta del queso Manchego debe tener un aspecto homogéneo, de color variable desde el blanco hasta el marfil-amarillento.

El corte debe presentar ojos pequeños y desigualmente repartidos por toda la superficie, pudiendo, en ocasiones carecer de ellos.

La textura es de elasticidad baja, con sensación mantecosa y algo harinosa, que puede ser granulosa en los muy maduros.

El Manchego posee olor láctico, acidificado intenso y persistente que evoluciona a matices picantes en los más curados con persistencia global larga.

El sabor inigualable del Manchego, es ligeramente ácido, fuerte y sabroso que se transforma en picante en quesos muy curados. Gusto residual agradable y peculiar que le confiere la leche de oveja manchega.

Siempre hay un queso Manchego para cada persona, desde los más tiernos a los más curados, dependiendo del gusto de cada cual hay un Manchego que se adecua a cada consumidor.

Juan José Valero Durán

MURCIA AL VINO

El queso de Murcia al Vino es un queso graso, de pasta prensada, lavada y no cocida, elaborado con leche de cabras de raza Murciana, que se comercializa a partir de los 45 días después de su elaboración.

Un queso que me apasiona, que gusta a todo el mundo, la principal peculiaridad es que es sometido a baños en vino tinto, durante la maduración, de ahí su nombre y su color.

Para elaborar este queso tan peculiar, una vez hecha la masa, se coloca en moldes pequeños y el afinado consistirá en ir salando las piezas y humedeciéndolas con vino; esto repetidas veces, resultando de todas las manipulaciones un queso muy duro y de un gusto excelente, que hace que guste tanto a todo el que lo prueba.

La cabra murciana se ordeña una sola vez al día, a diferencia de otras razas que generalmente se ordeñan dos veces, sin embargo las medias de producción láctea (tanto en cantidad como en calidad) son superiores en Murcia.

Murcia ha sido siempre una región pionera en la producción de caprino, desde hace muchísimos años los propios pastores, sobre todo en las zonas de montaña, elaboraban quesos artesanos, casi siempre frescos, sin añadir cultivos, pues se cuajaba la leche con vinagre o limón después de hervida. Dada la difícil conservación de este queso y también para evitar el contagio de la Fiebre de Malta, surgió la tradición de freír el queso. En Murcia todavía sigue siendo muy habitual tomar el queso frito o a la plancha, costumbre que sorprende a visitantes de otras regiones.

Las primeras referencias de transformación industrial estabilizada de la leche de cabra en la Región de Murcia datan de la década de los veinte del pasado s. XX. En 1924, queserías de Yecla y Jumilla utilizaron unos 800 mil litros de leche (apenas el 5% de la producción total) para producir algo menos de 100 mil de queso. Efectivamente, es en la comarca del Altiplano donde existe una mayor tradición quesera.

En cuanto a la transformación de la leche de cabra Murciana en queso, ya A. Panés en su libro "La Cabra Murciana: su explotación, cuidados y mejora", (1922), aseguró que en Jumilla y Yecla se elaboraba el queso que se consumía en las mismas poblaciones, incluso se exportaba a Alicante.

CARACTERÍSTICAS FÍSICAS

Forma.

El queso Murcia al vino tiene una forma cilíndrica y el lateral ligeramente redondeado.

Peso: de 400 gr, de 1 kg y de 2 kg aproximadamente.

Altura: 6-7 cm para el formato pequeño y entre 7-9 cm para las piezas de 1 y 2 kg..

Diámetro: 7-9 cm para el formato pequeño y entre 12-18 cm para las piezas de 1 y 2 kg.

Corteza: lisa, muy ligera, lavada con vino tinto doble que le confiere un color granate-rojizo característico.

CARACTERÍSTICAS FISIO-QUÍMICAS

Grasa: mínimo 45 % sobre E.S.
Proteínas: mínimo 35% sobre E.S.
Extracto seco: mínimo del 55 %.
PH: mínimo 6,5

CATA Y ANÁLISIS SENSORIAL

La pasta es compacta al corte, de textura cremosa y elástica, sabor agradablemente ácido, poco salado y aroma suave. De color blanca con pocos y pequeños ojos.

Olor de intensidad media baja .En la zona externa de la corteza se percibe olor a vino tinto o bodega.

La escasa acidez disminuirá con el tiempo de maduración, al revés que el punto salado y aroma, que aumentarán.

Juan José Valero Durán

NATA DE CANTABRIA

Juan José Valero Durán

El Nata de Cantabria es un queso graso, de pasta prensada y madurado, de tierno a semicurado; obtenido a partir de leche de vaca, con una maduración mínima de siete días.

La primera noticia sobre el queso de Cantabria está en el *Cartulario de Santo Toribio de Liébana*. El 15 de mayo del año 962 Matecia y su sobrino Vicente venden una tierra a Savarico y su mujer Vistrelli por *"un cabrone et marruana así como VII casios"*.

El usar queso como sustitutivo de moneda fue una práctica corriente en esta época para efectuar ventas en que se hacía un trueque de unas cosas por otras.

A partir de 1647, las referencias escritas establecen el estatuto profesional de los pioneros del comercio quesero. En esta época, vendían estos productos en los mercados de Burgos, Logroño, Vitoria y Bilbao, abasteciendo a la Casa Real en Madrid, a más de 400 Km de la zona de producción.

Dada la extensa cabaña ganadera de esta región en 1843 un comerciante instala una pequeña quesería en el Valle del Pas, con el fin de elaborar quesos.

En esta época se producen excelentes quesos, frescos y cremosos, con la gran innovación del prensado mecánico de la pastas, elaborando el queso denominado *"pasiego de pasta prensada"*.

Cabría resaltar la fundación en 1908 en el Monasterio de Cóbreces de la escuela de quesería, consagrada a la mejora de las producciones locales.

No podemos dejar de destacar que en la actualidad, en América, hay cántabros con fábricas importantes de queso con fabricación de tipos similares a los de la Montaña.

CARACTERÍSTICAS FÍSICAS

Forma.

El Nata de Cantabria tiene una forma paralelepipédica o cilíndrica; de caras lisas y planas.

Peso: varía entre los 400 y los 2.800 gr.

Altura: de 6 a 9 cm.
Diámetro: de 15 a 35 cm.

La corteza de queso Nata de Cantabria es fina, blanda y cerosa, de color hueso amarillento.

CARACTERÍSTICAS FISIO-QUÍMICAS

Grasa: entre 52 % y 56% sobre E.S.
Proteínas: entre 20 % y 30% sobre E.S.
Humedad: entre 37 % y 50% sobre E.S.
PH: entre 5,3 y 5,5

CATA Y ANÁLISIS SENSORIAL

La pasta de queso Nata de Cantabria es de color hueso, normalmente desprovista de ojos, textura sólida y cremosa.

Su olor es de intensidad baja, láctico con aroma que de forma leve recuerda a mantequilla.

Tiene un sabor suave y un poco acido, poco salado, con recuerdo a mantequilla.

Juan José Valero Durán

PALMERO

Juan José Valero Durán

El Palmero es un queso elaborado con leche de cabra palmera, lo podemos encontrar preferentemente fresco, pero también se elaboran tiernos, semicurados y curados.

Lo que hace especial este queso es su ahumado, a parir de la combustión de cáscaras de almendra, tuneras y pinillo del pino canario.

La maduración se realiza en cuevas, cocinas o locales acondicionados, y en este proceso aparte de las operaciones habituales de volteo se suele untar la corteza con aceite de oliva o gofio.

Ya los aborígenes de la isla tenían una tradición ganadera que se continuó después de la conquista de la isla en el siglo XV, así como se demuestra tanto en estudios arqueológicos (Felipe Jorge País País, 1996), como en protocolos del siglo XVI (Luis Agustín Hernández Martín 1999) donde se tiene constancia de exportaciones de partidas de queso palmero, así como de la importancia en la vida económica de la isla.

A lo largo de los siglos, la calidad del queso Palmero ha sido manifiesta, y en la actualidad es uno de los productos emblemáticos del sector agrícola-ganadero de la isla.

A partir de 8 días los quesos están listos para su consumo. Muchos de ellos llevan un proceso de afinado más prolongado, durante el cual se desarrollarán los aromas y sabores que han hecho famosa la calidad del producto.

CARACTERÍSTICAS FÍSICAS

Forma.

La forma es cilíndrica achatada y llega a alcanzar pesos de hasta 15 kg.
Peso: varía entre los 0,75 y los 15 Kg.

Altura: de 6 a 15 cm.
Diámetro: de 12 a 60 cm.

En este queso siempre el diámetro guarda una relación de entre 2 y 4 veces la altura.

La corteza de queso Palmero es de color blanco pero en la mayoría se procede al ahumado lo cual confiere tonalidades pardas. Cuando se hayan realizado tratamientos de superficie (untado) con aceite, gofio o harina, la corteza presentará el aspecto característico que le producen dichos productos.

CARACTERÍSTICAS FISIO-QUÍMICAS

Grasa: mínimo 35,1 % sobre E.S.
Proteínas: mínimo 17,5% sobre E.S.
Extracto seco: mínimo del 48,5 %.
PH: entre 5 y 6

CATA Y ANÁLISIS SENSORIAL

La pasta del queso Palmero es de color blanco brillante, adquiriendo tonalidades marfileñas y mates según va madurando. La superficie y el corte están libres de elementos de ruptura tales como cavidades y grietas, pudiendo presentar pequeños ojos repartidos al azar y en su mayoría de forma irregular.

De textura firme, elástica y de solubilidad media.

Tiene un olor limpio a leche de cabra y en los ahumados están presentes aromas de la familia torrefacta, pero la intensidad de estos debe ser baja.

Su sabor recuerda a el origen de la leche de cabra y algo del sabor a cuajo natural.

Juan José Valero Durán

PICÓN TRESVISO

Juan José Valero Durán

El queso Picón Tresviso se elabora con leche entera de vaca, oveja o cabra, o bien mezclas de dos o tres tipos de leche. La proporción vendrá obligada según la estación del año.

El nombre de *"picón"* se debe al sabor picante que le confiere el veteado de penicillium en el queso.

La comarca de Liébana, zona de producción del queso Picón Tresviso, presenta unas peculiaridades, tanto climáticas como etnográficas, y ha estado ligada a la elaboración de quesos desde muy antiguo, como lo demuestra la mención que aparece en el Cartulario de Santo Toribio de Liébana, fechada el 15 de mayo del año 962, sobre un trueque de un terreno con vides por otros diversos bienes, entre ellos siete quesos.

Al hacer en 1354 inventario de los bienes de Santa María de Lebeña, documentalmente figuran gran cantidad de tributos que recibía en quesos. En el *"Diccionario geográfico estadístico-histórico de España y sus posesiones"* de Pascual Madoz (1845), se dan noticias de varios **quesos cántabros**, entre ellos el de Bejes.

CARACTERÍSTICAS FÍSICAS

Forma.

El Picón Treviso tiene forma cilíndrica con caras sensiblemente planas.

Altura: de 7 a 15 cm.

Peso y Diámetro: variable.

Corteza: blanda, delgada, untosa, gris con zonas amarillo-verdosas.

CARACTERÍSTICAS FISIO-QUÍMICAS

Grasa: no inferior al 45% sobre extracto seco.
Humedad: mínimo 30%.

CATA Y ANÁLISIS SENSORIAL

El Picón Tresviso tiene una pasta de consistencia untosa aunque con diferente grado de cohesión, según la mayor o menor fermentación del queso.

Compacta y con ojos. Color blanco con zonas y vetas de color azul- verdoso.

Su sabor es levemente picante, más acusado cuando está elaborado con leche de oveja o cabra en mezcla.

Juan José Valero Durán

QUESO DE LA SERENA

Juan José Valero Durán

Para la elaboración de los Quesos y Tortas de la Serena, se utiliza leche cruda de oveja de la raza merina que se coagula con "yerbacuajo" o "hierbacuajo" (Cynara Cardunculus). Para obtener la cremosidad y resultado final se cuaja la leche a una temperatura reducida, entre 25 y 30°C.

Este queso me trae muchos recuerdos, cuando la Torta del Casar no era tan conocida y empezamos a traer la Torta de la Serena, ya que era más accesible para nosotros, fue todo un descubrimiento. En aquel entonces Jose Luis nos las traía cuando venía a visitar a sus padres a Madrid, no había otra manera de tenerla.

Se trata de un producto tan exquisito que para la fabricación de un kilogramo de Queso de la Serena se necesita la producción de 15 ovejas merinas, ya que de esta raza sólo se extraen 0,350 litros de leche diarios.

También hay que resaltar que este queso artesano extremeño está oreándose y madurando sobre tablas de madera 60 días.

Es complicado establecer el origen de los quesos y tortas que se elabora en la Comarca de La Serena, provincia de Badajoz. En la Edad Media ya se tiene conocimiento de la existencia de este queso, ya que se gravaba con impuestos. Una de las causas de que los ganaderos iniciaran la elaboración masiva de quesos es la caída del precio de la carne de los corderos de las ovejas merinas. Pasó de ser un complemento de la economía familiar a convertirse en la principal fuente económica. Así los ganaderos descubrieron que las ovejas podían dar además de carne y lana, un queso de excelente calidad.

En el libro "Viaje a La Serena" de 1791 de Don Antonio Agundez Fernández, sobre la comarca de La Serena, extraía de unos manuscritos del Magistrado Cubeles, en el que entre otras figura la siguiente frase: *"Famoso por el sabor y buena hechura es el queso que se hace con la leche de sus ovejas, cuya arroba se vende a 60 reales."*

En las ordenanzas de los s. XVI y XVII para Cabeza del Buey, se habla del diezmo del queso y de la primicia a la Iglesia Parroquial, ya que el dueño del ganado, la primera vez que ordeñaba para hacer queso, todos los que hicieran de ese ordeño, los debían de primicia, llevar a los curas a la Iglesia Parroquial de la Villa.

Como nota curiosa de esta maravilla hay que destacar que es muy beneficioso para la salud pues aporta calcio, fósforo y zinc, todos de fácil absorción por el organismo humano. También aporta vitaminas A, D y E, así como una gran cantidad de antioxidantes naturales.

A las piezas de pasta dura o semidura se les llama quesos, mientras que a las *"atortadas"*, que son blandas o semiblandas, se les denomina tortas. Hasta no hace muchos años, los queseros consideraban *"averías"* aquellas piezas que se agrietaban, presentaban un aspecto deforme y derramaban parte de su contenido.

CARACTERÍSTICAS FÍSICAS

Forma.

El queso de la Serena tiene una forma cilíndrica y el lateral de forma convexa, de mayor base que altura.

Peso: entre 750 gramos y 2 Kg

Altura: de 4 a 8 cm.

Diámetro: de 18 a 24 cm.

Corteza: semidura, de color amarillo céreo a ocre, con caras lisas y superficie perimetral lisa o con la impronta de la pleita o molde.

CARACTERÍSTICAS FISIO-QUÍMICAS

Grasa: mínimo 50% sobre E.S.
Proteínas: mínimo 35% sobre E.S.
Extracto seco: mínimo del 50 %.
PH: entre 5,2 y 5,9

CATA Y ANÁLISIS SENSORIAL

Su pasta es de blanda a semidura, de color blanco marfil a amarillo céreo, que puede presentar ojos pequeños desigualmente repartidos.

Podemos encontrar en forma líquida la pasta, cuando el queso es cremoso o torta invita a servirlo con cuchara e impide que pueda cortarse la pasta exterior por el lateral, pues la masa se derramaría. Tiene la textura y el color de la leche condensada. Se aconseja servirlo levantando la tapa superior, retirándola y utilizar una cuchara.

La cremosidad depende del tiempo de maduración, de modo que se llaman tortas las que presentan la pasta blanda y fluida.

El sabor es ligeramente amargo, que algunos atribuyen al cuajo natural, no es ácido, es poco salado y muy graso, con un regusto picante y persistente al paladar.

QUESO DE MURCIA

El queso de Murcia curado es un queso graso, de pasta prensada y no cocida, hecho con leche de cabras de raza Murciana.

Hay dos tipos de queso de Murcia:
- Queso de Murcia fresco: no sometido a maduración, su consumo es inmediato.
- Queso de Murcia curado: maduración mínima de dos meses.

La cabra murciana se ordeña una sola vez al día, a diferencia de otras razas que generalmente se ordeñan dos veces, sin embargo las medias de producción láctea (tanto en cantidad como en calidad) son superiores en Murcia.

En toda la región de Murcia ha existido la costumbre de la elaboración casera del queso fresco de cabra para el consumo familiar o para su venta en poblaciones cercanas. De hecho, es extraño no encontrar como tapa una loncha de queso fresco, generalmente frito y acompañado con salsa de tomate o en trozos.

A mediados del siglo XIX, la explotación del ganado caprino supuso una fuente importante de beneficios y de renta para los propietarios y campesinos murcianos. Se aprovechaba la leche, la carne, la piel y el estiércol. El ganado se localiza preferentemente en las montañas de Caravaca -para la producción de carne- y en los valles de Guadalentín y alto Segura -para la producción de leche-. A finales de dicho siglo y a medida que aumentaba la población se inicia un proceso de especialización lechera de la cabra, que tiene su mayor amplitud en torno a las principales ciudades de la región: en las huertas de Murcia y Lorca, en el Campo de Cartagena y en la comarca vitivinícola del Altiplano.

Murcia ha sido siempre una región pionera en la producción de caprino, desde hace muchísimos años los propios pastores, sobre todo en las zonas de montaña, elaboraban quesos artesanos, casi siempre frescos, sin añadir cultivos, pues se cuajaba la leche con vinagre o limón después de hervida. Dada la difícil conservación de este queso y también para evitar el contagio de la Fiebre de Malta, surgió la tradición de freír el queso. En Murcia todavía sigue siendo muy habitual tomar el queso frito o a la plancha, costumbre que sorprende a visitantes de otras regiones.

Las primeras referencias de transformación industrial estabilizada de la leche de cabra en la Región de Murcia datan de la década de los veinte del pasado s. XX. En 1924, queserías de Yecla y Jumilla utilizaron unos 800 mil litros de leche (apenas el 5% de la producción total) para producir algo menos de 100 mil de queso. Efectivamente, es en la comarca del Altiplano donde existe una mayor tradición quesera.

En cuanto a la transformación de la leche de cabra Murciana en queso, ya A. Panés en su libro "La Cabra Murciana: su explotación, cuidados y mejora", (1922), aseguró que en Jumilla y Yecla se elaboraba el queso que se consumía en las mismas poblaciones, incluso se exportaba a Alicante.

CARACTERÍSTICAS FÍSICAS

Queso de Murcia fresco.

Forma.

El queso de Murcia fresco tiene una forma cilíndrica.

Peso: piezas de 300 gr, 1 kg y de 2 kg aproximadamente.

Altura: 5-8 cm para el formato pequeño y entre 8-12 cm para las piezas de 1 y 2 kg

Diámetro: 7-9 cm para el formato pequeño y entre 12-18 cm para las piezas de 1 y 2 kg.

Corteza: dada su frescura la corteza en este queso es prácticamente inexistente.

Queso de Murcia curado.

Forma.

El queso de Murcia fresco tiene una forma cilíndrica.

Peso: entre 1 kg y de 2 kg aproximadamente.

Altura: de 7 a 9 cm.

Diámetro: de 12 a 18 cm.

Corteza: su corteza es lisa y de color céreo a ocre.

CARACTERÍSTICAS FISIO-QUÍMICAS

Queso de Murcia fresco.

Grasa: mínimo 45% sobre E.S.
Proteínas: mínimo 32% sobre E.S.
Extracto seco: mínimo del 40 %.
PH: mínimo 6.5

Queso de Murcia fresco.

Grasa: mínimo 45% sobre E.S.
Proteínas: mínimo 32% sobre E.S.
Extracto seco: mínimo del 55 %.
PH: mínimo 5

CATA Y ANÁLISIS SENSORIAL

Queso de Murcia fresco.

Su pasta es compacta al corte, de textura blanda. De color blanca intensa y prácticamente sin ojos.

Con un olor láctico fresco y a leche de cabra, de baja intensidad.

Su sabor es de intensidad media-baja, poco salado y aromas a nata.

Queso de Murcia fresco.

Su pasta es compacta al corte, de textura firme, de color blanca, con pocos y pequeños ojos.

Con un olor de intensidad media-alta y característico que recuerdan al animal (cabra), vegetal (heno, frutos secos), llegando en los más curados a notas de la familia torrefacta (tostados, caramelo).

Su sabor es persistente, poco ácido, dulce bajo y salado medio y una pequeña sensación picante en los quesos más curados.

Juan José Valero Durán

QUESUCOS DE LIÉBANA

Los Quesucos de Liébana presentan unas características organolépticas, físicas y químicas que se relacionan con el medio natural del cual procede, están elaborados con leche de cabra, vaca y oveja de la zona.

El quesuco es el queso más típico y extendido en la comarca de Liébana (Cantabria), como forma de conservación y aprovechamiento de la leche del ganado (rebaños mixtos de vacas, ovejas y / o cabras), en una zona de difícil acceso y aún hoy lejos de las rutas de recogida de leche por las industrias.

A pesar de tener una elaboración muy similar en todo el ámbito geográfico de la denominación de origen, debe destacarse la singularidad del ahumado, que originariamente se producía de forma exclusiva en los puertos de Aliva.

La conservación de los quesos ahumados que recomendaba Columela, para los que se enviaban a Roma, fue practicada en Cantabria. Este tipo de queso ahumado, fue posiblemente, así preparado para su mayor conservación, con el fin de exportarlo a América.

Se pueden citar innumerables detalles y crónicas, de la presencia de los quesos cántabros en expediciones a las nuevas tierras conquistadas, como la de Riba Herrera al Perú.

Hay crónicas que hablan sobre los precios de mercado de queso en mercaderías de Santander, dictadas por D. Diego Hurtado de Mendoza en 1442.

La tradición explica que la costumbre del ahumado de los quesucos viene de la necesidad que tenían antiguamente de evitar la entrada de la mosca a las cuevas de maduración, para lo que hacían una hoguera en la entrada.

De esta forma, además el queso se ahumaba y comprobaron que se alargaba su conservación.

CARACTERÍSTICAS FÍSICAS

Forma.

Los quesucos de Liébana son de pequeño formato con una forma cilíndrica o discoidal
Peso: varía en función de cada quesuco.

Altura: de 3 a 10 cm.
Diámetro: de 8 a 12 cm.

La corteza es fina, algo rugosa, enmohecida de color amarillo claro a gris oscuro. En los ahumados es de color amarillo naranja

CARACTERÍSTICAS FISIO-QUÍMICAS

Grasa: no inferior al 45 % sobre extracto seco..
Humedad: mínimo 30 %.

CATA Y ANÁLISIS SENSORIAL

La pasta de los quesucos de Liébana es firme y compacta de color ligeramente amarillento. Lleva algunos agujeros distribuidos irregularmente. Cuando el queso se ahúma adquiere olor, color y sabor típicos del ahumado.

De olor suave, a moho y humedad, con olor a humo en los ahumados.

Tienen un sabor suave y láctico, cuanto están ahumados adquieren el sabor típico del ahumado.

RONCAL

Juan José Valero Durán

El queso Roncal es un queso de pasta prensada elaborado con leche de oveja de las razas 'Rasa' y 'Lacha'

Tiene una importante riqueza en calcio, un mineral especialmente recomendado para todas aquellas personas que sufran algún proceso de descalcificación ósea. Pero además, hay que destacar que la biodisponibilidad de absorción por parte del organismo es también excelente, pues al elevado contenido en calcio hay que añadir la presencia de factores que facilitan la absorción y posterior utilización de dicho mineral: vitamina D, fósforo y grasas.

Se presenta, además, como una buena alternativa a la hora de asegurar el aporte de calcio en personas que no puedan tomar leche por padecer intolerancia a la lactosa. Este hidrato de carbono, presente en la leche, suele convertirse en un problema en determinadas personas que pierden la capacidad de digerirlo.

En el proceso de elaboración del queso Roncal, la lactosa va transformándose en ácido láctico, con lo cual, desaparece el problema de la intolerancia.

Como curiosidad, el queso Roncal fue el primero en recibir la Denominación de Origen de quesos de España mediante la Orden de 2 de marzo de 1981 del Ministerio de Agricultura.

La vida en los valles navarros está regulada por ordenanzas y leyes ancestrales, ya milenarias.

El pastoreo, junto con la explotación forestal, han sido las actividades tradicionales en las que se ha basado la economía del valle. Hasta bien entrado el s. XX se han mantenido los usos y costumbres datadas, en sus primeros indicios, al menos desde el siglo XIII.

Ya en el año 882 el rey Sancho García otorgó a los habitantes del valle de Roncal el derecho de bajar sus rebaños de ovejas, en invierno, a pastar a las Bárdenas Reales, en la ribera de Navarra, derecho que se ganaron por su coraje en las luchas contra los sarracenos. Todavía la Cañada Real de los Roncaleses, que recorre todo Navarra de norte a sur, de Roncal hasta el canal de Tauste en el límite sur con Zaragoza, es recorrida por más de 10.000 cabezas de ganado.

CARACTERÍSTICAS FÍSICAS

Forma.

La forma de este maravilloso queso es cilíndrica con caras sensiblemente planas.
Peso: variable.

Altura: de 8 a 12 cm.
Diámetro: variable.

La corteza del queso Roncal es dura, gruesa, áspera al tacto, grasa y de color pardo o pajizo.

CARACTERÍSTICAS FISIO-QUÍMICAS

Grasa: mínimo 45% sobre E.S.
Proteínas: mínimo 30% sobre E.S.
Extracto seco: mínimo del 50 %.
PH: entre 5,4 y 5,8

CATA Y ANÁLISIS SENSORIAL

El queso Roncal tiene una pasta de color blanco hueso a blanco amarillento, según maduración. Tamaño de cerco proporcional a la maduración. Numerosas cavidades irregulares tamaño cabeza de alfiler y ausencia de ojos.

Su olor es de intensidad alta a la Familia animal, principalmente a leche de oveja.

Tiene un sabor único que podemos definir como, poco ácido, nada o muy poco amargo, muy poco dulce, salado medio y con sensaciones algo astringente, algo picante, sensaciones que serán más acusadas cuánto más maduro esté el queso.

Juan José Valero Durán

SAN SIMÓN DA COSTA

.

El queso favorito de mi mujer Yolanda, le apasiona este fabuloso queso.

Queso elaborado a partir de leche de vaca cruda o pasteurizada y ahumado con madera de abedul.

Los orígenes del queso San Simón da Costa se remontan, según la leyenda, a las tribus celtas, que se establecieron en los montes de las Sierras de A Carba y del Xistral.

En época romana este queso era enviado a Roma por sus especiales características de sabor y duración.

Durante muchos siglos era costumbre pagar con quesos los diezmos a los señores feudales y la iglesia. Hasta bien entrado el s. XX las ceremonias de los bautizos se pagaban con quesos de San Simón da Costa.

La forma de estos quesos es típica y posiblemente exclusiva de ellos en el mundo. Algunos autores dicen que tiene forma de proyectil de artillería o bala de cañón, pero más bien la forma recuerda a una peonza o una pera, sobre todo una vez afinados, madurados y ahumados.

Hay dos formatos: el grande, con una maduración mínima de 45 días y el formato pequeño o *"bufón"*, tiene una maduración mínima de 30 días.

El respeto a la tradición y el saber hacer artesanal con que se fabrican, hacen del queso San Simón da Costa un producto exquisito y de calidad.

CARACTERÍSTICAS FÍSICAS

Forma.

La forma de este maravilloso queso recuerda a una peonza o una pera
Peso: entre 0,4 e 0,8 kg el pequeño y entre 0,8 y 1,5 kg el grande.

Altura: de 10 a 13 cm el pequeño y de 13 a 18 cm el grande.

La corteza del San Simón es ahumada, dura e inelástica, color amarillo-ocre y algo grasienta.

CARACTERÍSTICAS FISIO-QUÍMICAS

Grasa: mínimo 45% y máximo 60%, sobre E.S.
Proteínas: mínimo 30% sobre E.S.
Extracto seco: mínimo del 55 %.
PH: entre 5 y 5,6

CATA Y ANÁLISIS SENSORIAL

El queso San Simón tiene una pasta de textura fina, grasa, semidura, semielástica y densa, de color entre blanca y amarilla, suave al corte, con aroma y sabor característicos.

Posee un olor muy característico que recuerdan al humo del abedul.

Tiene un sabor suave, con toques de picante, muy poco graso, con poca sal y con aromas a humo de abedul.

Juan José Valero Durán

TETILLA

Juan José Valero Durán

El queso Tetilla se elabora con leche de vaca y es uno de los quesos gallegos más representativos y el más internacional. Hay que destacar su forma, de ahí su nombre, ya que recuerda a una *"mamá"* o *"tetilla"*. Esta forma es por los embudos en los que se deja cuajar la leche al inicio de su elaboración.

Los maestros queseros modelaban los quesos a mano. La leche se cuaja y calienta entre los 28 y los 32 °C, adicionando en este proceso cuajo natural, la masa se corta en grano grande y una vez está firme esta, se llenan los moldes o cuncas, que son ligeramente prensados para que el suero se expulse, el proceso finaliza con el salado de las piezas en la salmuera.

Originariamente, la sal se adicionaba en la masa. La maduración se hace en ambiente fresco y húmedo propio de tierras gallegas, éste dura entre 10 y 30 días.

La historia del origen de este rico queso gallego se pierde en el tiempo. Plinio ya hablaba de este queso en el siglo I dC. Decía: ...en Gallaecia había unos quesos a los que llamaba *"mamulas lactem"* o *"mamillas de leche"*. Aunque hay teorías que sitúan el origen del Queso Tetilla en un convento de monjas en el s. XI. Lo que sí está claro es que Galicia siempre ha tenido vacas y por lo tanto siempre los pastores gallegos han elaborado queso o "queixo" como se dice en lengua gallega. Desde siempre en esta tierra española ha habido "Festas do Queixo" en ellas se comía y se comerciaba con queso. Con estas fiestas el queso se popularizó en todo el noroeste de España.

El queso tetilla siempre fue típico de la parte oeste de la provincia de A Coruña, que limita con la provincia de Lugo, en los pueblos de Curtis, Arzúa y Melide.

CARACTERÍSTICAS FÍSICAS

Forma.

El Tetilla tiene una forma cónica, cóncava-convexa, lo que le da el nombre.

Peso: varía entre los 500 y los 1.500 gr.

Altura: de 9 a 15 cm.
Diámetro: de 9 a 15 cm.
La altura siempre será superior al radio de la base e inferior al diámetro.

La corteza de queso Tetilla es fina y elástica, de color amarillo pajizo, natural y sin mohos.

CARACTERÍSTICAS FISIO-QUÍMICAS

Grasa: mínimo 45% sobre E.S.
Proteínas: mínimo 30% sobre E.S.
Extracto seco: mínimo del 45 %.
PH: entre 5 y 5,5

CATA Y ANÁLISIS SENSORIAL

El queso Tetilla tiene una pasta blanda, cremosa y uniforme, sin presencia de ojos o con pocos ojos pequeños y regularmente repartidos; color blanco-marfil, amarillento.

Con un olor suave, ligeramente ácido y que en conjunto recuerda a la leche de que procede.

En cuanto a su sabor es lácteo, mantecoso, ligeramente ácido y salado suave

Juan José Valero Durán

TORTA DEL CASAR

Consejo Regulador
Denominación de Origen Protegida

Juan José Valero Durán

Este queso maravilloso es una de esas grandes cosas que nos ha dado la tierra de Cáceres, que tanto aporta a la gastronomía española.

Para mí fue todo un descubrimiento la primera vez que lo vi en la feria de Trujillo y ya ha llovido desde entonces, por aquellos tiempos encontrarlo fuera de Cáceres era casi imposible.

La Torta del Casar es un queso elaborado con leche cruda de ovejas procedentes de los troncos merino y entrefino, cuya coagulación se realiza con cuajo vegetal procedente del cardo Cynara cardunculus, y cuya maduración será como mínimo de 60 días.

La Torta del Casar es un queso que ha estado asociado desde siempre a las llanuras centrales de Extremadura, por cuyas tierras pastan los rebaños de ovejas merinas y entrefinas. Estas razas, de gran rusticidad y capacidad de adaptación a entornos naturales extremos, se aclimatan perfectamente a estas tierras extremeñas, se alimentan de forma natural gracias a que aprovechan los nutritivos pastos que generan estos suelos poco profundos.

Las primitivas vías migratorias fueron transformadas en caminos de penetración de diversas culturas (fenicia, romana, árabe, etc.) para, posteriormente, ser reguladas como caminos (*cañadas*) de obligado uso para rebaños, como se detalla en el Fuero Juzgo (693) y en las normas que rigen al Honrado Concejo de la Mesta (1273), que establece una medida de 90 varas castellanas (75,2 m.) para la Cañada Real. La presencia de rebaños establecidos es en ésta época un hecho constatado, ya que conocemos mediante documento escrito que en 1291, mediante Privilegio Real establecido por el Rey Sancho IV, se otorga a la aldea del Casar una tierra adehesada de media legua de extensión, alrededor de la entonces importante aldea del

Concejo de Cáceres. Se trataba en definitiva de una concesión para que los ganaderos pudieran llevar libremente a pastar a sus ganados sin tener que pagar los derechos que exigían los nobles afincados en **Cáceres** y propietarios de las tierras.

Así mismo se conoce que ya en esta época la Torta del Casar era utilizada como moneda de pago, aunque no es hasta 1791 cuando Gregorio Sánchez de Dios recoge en la obra "Interrogatorios de la Real Audiencia. Extremadura al final de los tiempos modernos. Partido Judicial de Cáceres", deja constancia escrita de la existencia tanto del queso, que pagaba diezmos, como de las cabezas de ganado lanar que lo producen.

La textura, cualidad fundamental y diferencial de este queso, es su alta cremosidad, presentando un corte cerrado, pero blando y untuoso, lo que hace que la pasta a veces se vierta a través de las grietas de la corteza, resultando un queso fundente y graso al paladar. Este efecto se debe a la utilización de cuajo vegetal (cardo Cynara cardunculus) así como a su desarrollo final en las condiciones de maduración que se dan en las queserías con una baja temperatura y una alta humedad.

La degustación se debe realizar con el queso atemperado en torno a los 21°C. Hay que abrir la parte superior de la corteza del queso con la punta de un cuchillo bien afilado. Quitamos la tapa y con un cuchillo de punta roma cogemos la crema de queso y la untamos en un buen trozo de pan.

También hay que decir que el queso Tarta del Casar combina muy bien con carnes, pastas, setas o incluso dulces.

CARACTERÍSTICAS FÍSICAS

Forma.

La Torta del Casar tiene una forma de cilindro.

Lo podemos encontrar en dos tamaños, grande y pequeño.

Peso: entre 900 y 1000 g. el grande y entre 500 y 700 g. el pequeño.

Altura: de 5 a 7 cm.
Diámetro: de 14 a 17 cm el grande y de 11 a 13 el pequeño.

La Torta de Casar tiene una corteza semidura, con color entre amarillo y ocre. Puede presentar pequeñas grietas en su superficie.

CARACTERÍSTICAS FISIO-QUÍMICAS

Grasa: mínimo 50% sobre E.S.
Proteínas: mínimo 20% sobre E.S.
Extracto seco: mínimo del 50 %.
PH: entre 5,2 y 5,9

CATA Y ANÁLISIS SENSORIAL

La Torta del Casar tiene una pasta de consistencia blanda a muy blanda , de color blanco a amarillento, pudiendo presentar ojos redondeados propios de la maduración repartidos en el corte.

El olor es intenso debido a la maduración y la humedad.

Tiene un sabor peculiar a la vez que desarrollado, a leche de oveja y ligeramente amargo motivado por el uso del cuajo vegetal.

ZAMORANO

Juan José Valero Durán

El queso Zamorano es de tipo graso, elaborado con leche de ovejas de las razas Churra y Castellana y con una curación mínima de cien días.

En el Museo de Zamora hay restos arqueológicos que dan cuenta de la actividad quesera en la provincia de Zamora. Los restos más antiguos son de la Edad del Cobre, hace más de 4.000 años. Son recipientes agujereados, realizados en barro que los arqueólogos llaman queseras o encellas, se utilizaban para separar el suero del queso. Estas vasijas se han encontrado en casi toda la provincia de Zamora. Y si hay queso es que hay ovejas pastando en el territorio.

Los romanos también elaboraban quesos, sobre todo de oveja y cabra. Tenían en mucha consideración el *"calustrum"* o calostros, que es la primera leche que daba el animal recién parido.

Columeta, el gran historiador de la Hispania romana nos dejó un impresionante catálogo de cómo elaboraban los quesos en la época romana.

No olvidemos que en estas tierras, en la época romana, vivió el pastor Viriato, héroe hispano que se enfrentó a los romanos y que la tradición dice que su origen es sayagués, comarca situada al oeste de la provincia de Zamora. Tiene su monumento en una plaza de la ciudad de Zamora.

En la Edad Media hay muchas referencias a la gran importancia del ganado lanar en la zona y a la producción del queso y su importancia en la dieta alimenticia de la población.

También hay documentos que acreditan que en el s. XI los vasallos tenían que dar al señor feudal pan, vino y queso.

En el s. XV aparecen documentos en los que se dan datos precisos sobre pagos por diezmos en iglesias y obispados.

En este periodo tienen gran importancia los monasterios del Cister desde sus orígenes hasta la desaparición de estos en el siglo XIX con la Desamortización de Mendizábal. Destacan en la provincia de Zamora los Monasterios de Santa María de Moreruela y San Martín de Castañeda, con su riqueza forestal y ganadera. Entre la riqueza ganadera destaca la ovina, por su lana, su carne y por los productos derivados de la leche, como el queso.

El Catastro del Marqués de la Ensenada, que realizó en 1752 refleja la producción de queso y su cabaña ganadera.

Todas estas referencias históricas reconducen a una rancia tradición pastoril y a la consiguiente tradición histórica en la elaboración de quesos en la provincia de Zamora, ambas conservadas hoy en día en la mayoría de sus pueblos.

La calidad de la leche obtenida de las ovejas de razas autóctonas y la esmerada elaboración del queso Zamorano, ha sido el germen de su histórico reconocimiento y renombre a nivel nacional, siendo en la actualidad uno de los productos más demandados de la provincia de Zamora.

CARACTERÍSTICAS FÍSICAS

Forma.

El queso Zamorano tiene forma cilíndrica, con caras sensiblemente planas

Peso: entre 3 y 4 Kg.

Altura: máximo 14 cm.
Diámetro: máximo 24 cm.

La corteza de queso Zamorano es dura, de color amarillo, pálido o gris oscuro, y bien definida.

CARACTERÍSTICAS FISIO-QUÍMICAS

Grasa: mínimo 45% sobre E.S.
Proteínas: mínimo 25% sobre E.S.
Extracto seco: mínimo del 55 %.
PH: entre 5,1 y 5,8

Juan José Valero Durán

CATA Y ANÁLISIS SENSORIAL

El queso Zamorano presenta una pasta firme y compacta de color variable desde el blanco hasta marfil-amarillento, pudiendo presentar ojos pequeños o puntitos, repartidos por todo el corte.

Tiene olores bien desarrollados e intensos.

El Zamorano goza de unos sabores y aromas únicos que recuerdan a leche fresca de oveja, con toques de mantequilla cocida y heno en los más jóvenes hasta alcanzar sabores de cuajada de leche bien evolucionada con matices de frutos secos a medida que avanza la maduración, con sabores más intensos y desarrollados en los más curados y con una persistencia larga en el paladar.

Aquí está mi queso

Made in United States
Orlando, FL
04 September 2022

21991463R00104